JN086353

子どもの未来を育む

社会的養護I・II

大塚良一・田中利則・吉田博行

［編著］

ミネルヴァ書房

は じ め に

　「子ども」を取り巻く支援体制が，大きく変化しています。その一つは2023年4月1日からスタートした「こども家庭庁」です。この庁は，少子化や虐待，子どもの貧困など，子ども関連施策を総合的に推進する組織として設立されました。こども家庭庁は「企画立案・総合調整部門」「生育部門」「支援部門」の３つの部門を設けています。幼稚園や保育所，認定こども園の教育・保育内容の基準は生育部門で策定されます。さらに，同年，子どもの権利についての基本法が存在していないことから，「こども基本法」が施行されました。この対象としての「こども」とは心身の発達の過程にある者と定義し，こども家庭庁にこども政策推進会議を置き，こども大綱を作成するなど，国や地方公共団体等の責務を明らかにしています。

　もう一つは，2016年6月3日に公布された「児童福祉法等の一部を改正する法律」です。特に児童福祉法第2条第1項に「全て国民は，児童が良好な環境において生まれ，かつ，社会のあらゆる分野において，児童の年齢及び発達の程度に応じて，その意見が尊重され，その最善の利益が優先して考慮され，心身ともに健やかに育成されるよう努めなければならない」と規定されています。これにより，子どもは「保護される対象」とともに「権利の主体」としての存在になっています。これは，日本人の子ども観を根底から変えるものだと考えます。日本の社会は，若者より年配の人がたとえ間違っていても尊重される儒教の教えが根本にあり，「保護される対象」としての子どもは受け入れやすいですが，「権利の主体としての子ども」には，新たな文化形成に対する教育が必要になってきます。

　このような動きは，社会的養護の考え方にも大きく影響しています。社会的養護とは，こども家庭庁は「保護者のない児童，被虐待児など家庭環境上養護を必要とする児童などに対し，公的な責任として，社会的に養護を行う」としており，その対象児童は，約4万2,000人とされています。これらの支援は，

乳児院や児童養護施設などの施設養護が中心に行われていました。しかし，現在では，里親及びファミリーホームによる支援が優先となっています。さらに，「新しい社会的養育ビジョン」（厚生労働省，2017年8月2日付）では，「児童養護施設に入所した子どもについて，本体施設からグループホームへ，そしてファミリーホームや里親へ，支援を継続しながら家庭的な養護を行える体制に，全ての施設を変革していく」との方向性を示しています。

　なぜ，社会的養護の子ども支援が大きく変わったのでしょうか。これらの改革の基となっているのは，「児童の権利に関する条約」に批准したことが挙げられます。このことについては，本書で詳しく紹介していますが，児童福祉法が施行されて以来，施設養護中心できた社会的養護の分野が，大きく転換していることがわかります。なお，本書では，施設養護がどのように変わっているのかを学ぶため，滋賀県にある児童養護施設の実践をみていくことにしました。また，2013年から児童発達支援センターが制度化され，新たな知的障害児の地域支援の要になっていることから，その現状を理解するため，京都市で一番古い知的障害児施設で実施している児童発達支援センターの現況を紹介しています。さらに，定員20人という少人数で対応している京都市内の乳児院の子育て支援の実践をインタビューし，乳児院の現況についてみていくことにしました。

　なお，本書は社会的養護Ⅰ（講義）と社会的養護Ⅱ（演習）を一冊にしています。社会的養護Ⅰについては第Ⅰ部で，基礎的知識とともに，現代の社会的養護の動向についてわかりやすく説明しています。また，社会的養護Ⅱについては，第Ⅱ部で，事例を中心として施設保育士の視点で考えてもらえるよう設定しています。みなさんも「子どもの最善の利益」とは何か，また，「権利の主体としての子ども」にどう向き合っていくのかを考え，本書を基に考察を深めていただけたら幸いです。保育を学ぶ全ての学生が，権利の主体としての子ども」を尊重し，実践の中でその向き合い方を明示することを願っています。

　　2024年2月

　　　　　　　　　　　　　　　　　　　　　　　　　　　編著者

目　　次

はじめに

第Ⅰ部　社会的養護の原理

第Ⅱ部　社会的養護の実際

おわりに

索　引

コラム

第Ⅰ部

社会的養護の原理

<table>
<tr><td>第1章</td><td>現代社会における社会的養護の意義</td></tr>
</table>

── 本章の概要と到達目標 ──

（1）概　　要

　今日，子どもと家庭を取り巻く環境は大きく変容してきています。様々な家族の形態，家庭の状況がみられ，経済的格差や児童虐待も深刻な課題です。2016年に改正された児童福祉法では，児童の権利に関する条約の理念を踏まえ，子どもの最善の利益の尊重とともに，子どもが権利の主体であることが明記されました。そこでは，家庭への養育支援から代替養育までの社会的養育の充実とともに，家庭養育優先の理念を規定しています。2017年には，その改正法の理念を具体化するために「新しい社会的養育ビジョン」が取りまとめられました。

　本章では，今日の社会的養護を必要とする子どもたちの現状と家庭を取り巻く課題を理解し，個々の子どもが尊重され，権利を保障される環境を整備するための社会的養護について，基本的な考え方を整理します。さらに，子どもの最善の利益を尊重するための社会的養護の今日的意義と基本的方向性について学び，理解を深めていきます。

（2）到達目標

①　社会的養護の理念と概念について理解する。

②　社会的養護を必要とする子どもたちの現状について理解する。

③　子どもの最善の利益について理解する。

④　社会的養護の取り組みの基本的方向について理解する。

── 事前学習 ──

①　児童福祉法の改正内容について目を通しておきましょう。

②　児童の権利に関する条約の内容をまとめておきましょう。

③　「新しい社会的養育ビジョン」に目を通しておきましょう。

④　児童虐待や経済的格差（相対的貧困率，子どもの貧困等）の最新の状況について調べておきましょう。

1　社会的養護の理念と概念——権利の主体としての子どもを守る仕組み

（1）社会的養護とは何か

1）保護者の養育責任と社会的養護

　児童の権利に関する条約や児童福祉法においては，子どもは一人の人間として尊重されるべき存在であり，その養育責任はまず親・保護者にあるとされています。しかし，現実として，家庭で親による養育が受けられない子どもたちが少なくない数で存在しており，その理由としては，親の病気や障害，行方不明，死亡，経済的理由（就労，失業，貧困），事故や災害，不適切な養育や虐待，子ども自身が病気や障害を抱えている場合など様々な背景が挙げられます。社会的養護とは，それらの何らかの事情によって家庭で親による養育が受けられない子どもに対して，家庭に代わって社会が養育をする仕組みを指しています。

　また，児童福祉法では，「保護者のない児童又は保護者に監護させることが不適当であると認められる児童」を「要保護児童」と定めています（第6条の3第8項）。要保護児童となる要因には，保護者が抱える多様な課題や状況がみられるため，社会的養護は，そのような子どもたちを保護し，公的な責任によって養育するとともに，養育が困難な状況に陥っている子どもたちの親・保護者に対しての支援も含まれたものであるといえます。その柱となる理念には，「子どもの最善の利益」のために行われるものであること，そして，すべての子どもを「社会全体で育む」ことが掲げられています。

2）社会的養護の原理

　また，社会的養護の原理として，①家庭養育と個別化，②発達の保障と自立支援，③回復を目指した支援，④家族との連携・協働，⑤継続的支援と連携アプローチ，⑥ライフサイクルを見通した支援，という6つが示されています[1]。ここでは，一人ひとりの子どもの「今」に対して関わり，その発達や生活を保障し，その回復を目指すことが掲げられています。さらに，子どもだけではな

3

く，その家族への支援も視野に入れながら，個々の子どもの「将来」を見据えたアプローチが重要であることが整理されています。社会的養護とは，子どもの権利を守ると同時に，児童の権利に関する条約を具現化し，子どもたちの暮らす環境を整えていく仕組みであるともいえるでしょう。

（2）子どもを取り巻く支援体制の変化

1）懲戒権の見直し――体罰等によらない子育てを目指して

　みなさんは，次の事件を覚えているでしょうか。2019年1月24日，父親の通報で駆けつけた救急隊員が，自宅浴室で女児（小4・10歳）が倒れているのを発見し，後に自宅で死亡が確認されました。女児は父親から首を鷲づかみにされる，冷水のシャワーを浴びせられる，髪を引っ張られるなど日常的に暴行を受けていた疑いがあり，その後，千葉県警は同年1月25日に父親を，2月4日に母親を，傷害の容疑でそれぞれ逮捕しました。

　この事件においては，児童相談所の対応の不手際や市の家庭支援に対する未整備，関係機関同士の連携の不備等が指摘され，児童虐待対応に関わる多くの課題が顕著となりました。そして，この事件以降も，子どもの生命が脅かされる重大な児童虐待問題が後を絶たず，2019年6月には，厚生労働省子ども家庭局長より「児童虐待防止対策におけるルールの徹底について（通知）」が出されました。ここでは，「子どもの安全確保を最優先とした適切な一時保護等の徹底」「子どもの安全確認ができない場合の対応の徹底」「組織的な対応及び進行管理の徹底」という3つが掲げられ，児童相談所・市町村等の関係機関に対して，子どもの命を守るための取り組みを徹底することが求められています。

　なお，2019年，児童虐待の防止等に関する法律の改正では，「親権者は子どものしつけに際して体罰を加えてはならない」との規定が設けられていました。しかし，公益社団法人セーブ・ザ・チルドレン・ジャパンによる調査（2021年）によると，「しつけのために子どもに体罰をすることについて，約4割の大人が容認している」との結果が明らかとなっています[(2)]。前述した事件やこれらの社会的実態をふまえ，2022年12月には，親の「懲戒権」の削除ならびに体罰な

どの禁止を定めた民法等の一部を改正する法律案が国会にて可決・成立しました。民法について，親権者による懲戒権の規定を削除するとともに，「親権を行う者は，前条の規定による監護及び教育をするに当たっては，子の人格を尊重するとともに，その年齢及び発達の程度に配慮しなければならず，かつ，体罰その他の子の心身の健全な発達に有害な影響を及ぼす言動をしてはならない」（民法第821条）との改正がなされています。これに伴い，児童福祉法及び児童虐待の防止等に関する法律についても改正が行われ，体罰によらない子育てを支える仕組みが整備されています。

2）児童虐待防止対策の抜本的強化

　また，児童虐待防止対策に関しては，2019年3月，「児童虐待防止対策の抜本的強化について」（2019年3月19日関係閣僚会議決定）が出され，「子どもの権利擁護」「児童虐待の発生予防・早期発見」「児童虐待発生時の迅速・的確な対応」等対策の強化を図ることが示されました。

　その後，2022年9月，「児童虐待防止対策の更なる推進について」（2022年9月2日関係閣僚会議決定）が出され，これまでの児童虐待対策の取組のフォローアップとともに，虐待予防のための早期対応から発生時の迅速な対応，虐待を受けた子どもの自立支援等に至るまで，長期にわたって切れ目ない支援を受けられる体制を構築することが明示されました。主な取り組みとして，「1．こどもの権利擁護」「2．児童相談所及び市町村の体制強化」「3．虐待の発生予防・早期発見」「4．適切な一時保護の実施」「5．社会的養護の充実」「6．親子再統合への支援強化」「7．関係機関における事案への対応の強化」「8．DV対応と児童虐待対応との連携強化」「9．障害児支援の充実」「10．関係機関との連携強化」を掲げ，子どもの最善の利益を第1に考えながら対策に取り組んでいくことを強調しています。

3）こども基本法にみる子どもへの支援

　2021年12月21日に閣議決定された「こども政策の新たな推進体制に関する基本方針」等に基づき，「こども家庭庁設置法」及び「こども家庭庁設置法の施行に伴う関係法律の整備に関する法律」「こども基本法」が2022年6月15日の

国会で成立，2023年4月1日に「こども家庭庁」が発足しました。

　こども基本法成立の背景には，前述したような児童虐待など子どもの権利が守られていないという現状があり，子どもたちの権利施策を幅広く，整合性を持って実施する必要性がありました。こども基本法の基本理念として，子どもの人権を尊重すること，子どもの教育と福祉を保障すること，子育てにおいては家庭が第一であることなどが盛り込まれており，すべての子どもたちが一人の人間として，個人として尊重され，その権利が保障されることを明記しています。今後も，しつけを名目とする体罰や虐待をなくし，子どもの権利を守るための取り組みが国全体として進められていくことが求められているのです。

（3）子どもの最善の利益の尊重を目指した支援

1）児童の権利に関する条約にみる子どもの最善の利益の尊重

　日本が1994年に批准した児童の権利に関する条約において，基本原則として掲げられたのが「子どもの最善の利益」です（第3条）。子どもの福祉に際して，子どもの最善の利益を第一に考慮するものとされており，この基本原則は，子どもの権利を守るための社会的養護の理念でもあるといえます。なお，児童の権利に関する条約では，子どもが有する権利を「育つ権利」「生きる権利」「守られる権利」「参加する権利」という大きな4つの柱として示し，一人ひとりの子どもたちが受動的権利と能動的権利を行使する存在であると位置づけています。子どもが大人に守られるだけの存在ではなく，自ら権利を行使する「権利の主体」であるということを明らかにしているのです。

　しかし一方で，子どもが自分自身の言葉で他者に要求を伝えられない場合や，自分が権利を持つ存在であるということを理解できない場合もあります。そのように，子どもは権利を持っていても時に自分でそれを守ることができない存在であるからこそ，周囲の大人からの適切な支援が必要不可欠です。社会的養護においても同様に，常に子どもが自分らしく生きていくこと，その権利を主体的に行使できるための保障が重要であるといえるでしょう。以下は，児童の権利に関する条約第3条です。

「1　児童に関するすべての措置をとるに当たっては，公的若しくは私的
　な社会福祉施設，裁判所，行政当局又は立法機関のいずれによって行わ
　れるものであっても，児童の最善の利益が主として考慮されるものとす
　る。

2　締約国は，児童の父母，法定保護者又は児童について法的に責任を有
　する他の者の権利及び義務を考慮に入れて，児童の福祉に必要な保護及
　び養護を確保することを約束し，このため，すべての適当な立法上及び
　行政上の措置をとる。

3　締約国は，児童の養護又は保護のための施設，役務の提供及び設備が，
　特に安全及び健康の分野に関し並びにこれらの職員の数及び適格性並び
　に適正な監督に関し権限のある当局の設定した基準に適合することを確
　保する。」

2）施設養護と家庭養護

　現在の社会的養護は，大きく施設養護と家庭養護とに分けられます。施設養
護とは，児童養護施設や乳児院，児童自立支援施設などの児童福祉施設におい
て子どもたちが養育されることを指しています。一方，家庭養護とは，家庭的
な環境のもと，子どもとの愛着関係を形成する里親やファミリーホーム（小規
模住居型児童養育事業）等における養育の仕組みです。

　2012年，厚生労働省により「児童養護施設等の小規模化及び家庭的養護の推
進について」が出され，施設における生活単位を小規模化し，個々の子どもた
ちに対してきめ細かい対応や養育を行う，いわゆる「ケア単位の小規模化」が
目指されるようになりました。一人ひとりの子どもたちにとって，できる限り
家庭に近い環境（家庭と同様の養育環境）の保障が達成されるような取り組みが
進められています。

3）生活の場における安心と安全，信頼関係の構築

　児童福祉施設であっても，里親家庭やファミリーホームであっても，その場
所が子どもにとってかけがえのない生活の場であり，居場所であることに違い
はありません。とりわけ，社会的養護につながる子どもたちは，その育ちの背

┌─── **コラム1　子どもたちによってつくられた「川崎市子どもの権利条例」** ───┐

　　「子どもは，それぞれが一人の人間である。子どもは，かけがえのない
　価値と尊厳を持っており，個性や他の者との違いが認められ，自分が自分
　であることを大切にされたいと願っている。

　　子どもは，権利の全面的な主体である。子どもは，子どもの最善の利益
　の確保，差別の禁止，子どもの意見の尊重などの国際的な原則の下で，そ
　の権利を総合的に，かつ，現実に保障される。子どもにとって権利は，人
　間としての尊厳をもって，自分を自分として実現し，自分らしく生きてい
　く上で不可欠なものである。」

　これは，神奈川県川崎市が策定した「川崎市子どもの権利に関する条例」前
文の冒頭です。2000年12月21日，川崎市議会において，全会一致で可決成立し，
2001年4月1日から施行されました。策定の背景には，すべての子どもたちが
必ずしも幸せな状況に置かれていないという現実と，1994年に日本が批准した
「児童の権利に関する条約」がありました。

　1998年9月から200回を超える会議・集会を積み重ね，2年近くの時間をか
けて実現したこの条例は，日本で最初の子どもの権利に関する総合的な条例で
あり，条例案をつくるプロセスにおいて市民と子どもが主体的に参加して進め
てきた画期的な取り組みといえます。子どもが権利の全面的な主体であると掲
げ，市全体で子どもの権利保障を進めていくことを目指しています。

└──────────────────────────────────────┘

景として，心身ともに傷つき，自らが持つ様々な権利をはく奪されたり侵害さ
れてきた経験を持っています。そのような子どもたち一人ひとりが安心して生
活できること，安全な環境でその育ちが育まれること，その場所で大人への信
頼を取り戻し，他者との関係性を紡いでいけるようになることは，子どもたち
の豊かな人生と将来に結びついていきます。社会的養護が提供する施設や里親
家庭等は，その子にとっての「大切な誰か」と出会う場所であり，他者との信
頼関係の礎を築く場所でもあるのです。

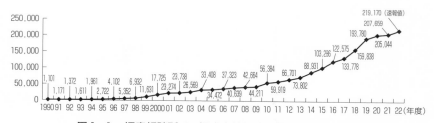

図1-1 児童相談所での児童虐待相談対応件数とその推移
出所：厚生労働省「令和3年度児童相談所での児童虐待相談対応件数（速報値）」2022年，1頁。

2 社会的養護を必要とする子どもたち

（1）増加する児童虐待

　次に，子どもたちが置かれている現状に目を向けてみましょう。第1節で述べたように，子どもたちへの支援体制は整備されつつありますが，実態としては，いまだ権利を守られない状況に置かれている子どもたちが数多く存在しています。家庭における人間関係の変容や様々な家族の形態がみられるようになり，複雑な生活課題を抱える要支援家庭への対応が急務となっています。子育てへの不安や困難さを抱える保護者や孤立する子育て家庭の現実が表面化し，積み重なった悩みがうまく解決されずに不適切な養育環境に陥ってしまうケースも少なくありません。

　近年の児童相談所での児童虐待相談対応件数をみると，その数は増加し続けており，2022年度は21万9,170件（速報値）と過去最多を記録しました(3)（図1-1）。同時にDV（ドメスティック・バイオレンス）の課題も深刻で，直接子どもが暴力等の被害を受けていなくても，家庭内で暴力の場面を見せられることが心理的虐待につながっています。

　2000年に児童虐待防止法が施行されて以降，国は子どもの健やかな育ちを守るために様々な取り組みを進めてきています。しかし，その対策はいまだ十分とはいえず，「こども虐待による死亡事例等の検証結果等について（第19次報告）」（こども家庭審議会児童虐待防止対策部会）によると，虐待によって命を落と

した子どもたちは，2022年度で68例・74人にものぼっています。死亡時点における子どもの年齢は，心中以外の虐待死（50例・50人）のうち3歳未満の乳幼児が31人（62.0％）と半数を超えており，乳幼児期の子育て家庭に対する支援の重要性を示しているといえるでしょう。

　また，里親に委託されている子どものうち約4割，乳児院に入所している子どものうち約4割，児童養護施設に入所している子どものうち約7割は，虐待を受けているという結果が明らかとなっています。社会的養護においては，これらの子どもたちに対する養育の質を向上させ，子どもたち自身の回復を促す支援だけではなく，その親・保護者に対する支援や家庭の養育力の回復に向けた支援，虐待の再発防止等に取り組むことも大きな役割となっているのです。

（2）経済的格差と貧困問題

　さらに，子育て家庭が抱える深刻な課題の一つとして，経済的負担感や，困窮の問題が挙げられます。保護者の失業や低所得・不安定就労などが虐待に結びつきやすいという現実を踏まえ，日本においては，2013年に，「子どもの貧困対策の推進に関する法律」が制定され，子どもの貧困に対する施策や支援が進められてきました。

　貧困をどのように計測するかについては「相対的貧困率」が指標として用いられていますが，「国民生活基礎調査」（厚生労働省，2023年）によると，2021年の貧困線（等価可処分所得の中央値の半分）は127万円となっており，「相対的貧困率」（貧困線に満たない世帯員の割合）は15.4％（前回調査：2018年より0.3ポイント減）となっています。一方，その子どもが属している世帯の等価可処分所得を元に算出し，18歳未満の子ども全体に占める等価可処分所得が貧困線に満たない子どもの割合のことを「子どもの貧困率」といいますが，同調査における「子どもの貧困率」（17歳以下）は11.5％（同2.5ポイント減）となっています。それぞれ前回調査より数値は減少し，全体としては改善傾向ではあるものの，子どもの貧困問題は依然として存在しており，対策が急務であることがわかります。

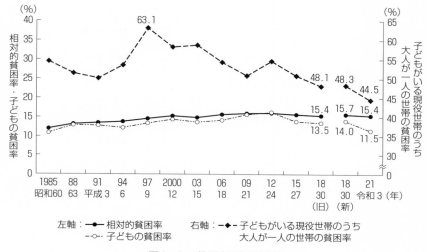

図1-2　貧困率の年次推移

注：(1)　貧困率は，OECDの作成基準に基づいて算出している。
　　(2)　大人とは18歳以上の者，子どもとは17歳以下の者をいい，現役世帯とは世帯主が18歳以上65歳未満の世帯をいう。
　　(3)　等価可処分所得金額不詳の世帯員は除く。
　　(4)　1994（平成6）年の数値は，兵庫県を除いたものである。
　　(5)　2015（平成27）年の数値は，熊本県を除いたものである。
　　(6)　2018（平成30）年の「新基準」は，2015年に改定されたOECDの所得定義の新たな基準で，従来の可処分所得から更に「自動車税・軽自動車税・自動車重量税」，「企業年金の掛金」及び「仕送り額」を差し引いたものである。
　　(7)　2021（令和3）年からは，新基準の数値である。
出所：厚生労働省「2022（令和4）年度　国民生活基礎調査の概況」2023年，14頁。

　なお，「子どもがいる現役世帯」（世帯主が18歳以上65歳未満で子どもがいる世帯）の世帯員についてみると，10.6％（同2.5ポイント減）となっており，そのうち「大人が一人」の世帯員では44.5％（同3.8ポイント減），「大人が二人以上」の世帯員では8.6％（同2.6ポイント減）となっています。つまり，ひとり親家庭の貧困率は約5割という非常に高い数値を維持しており，この数字はOECD（経済協力開発機構）平均の31.9％を大幅に上回っています（図1-2）。

　経済的格差や貧困問題は，経済的困窮のみならず，子どもの養育や子ども自身の成長・発達に大きな影響を及ぼします。子ども期に貧困であることがその子の将来にダメージを与えてしまう可能性があることもふまえ，貧困に陥って

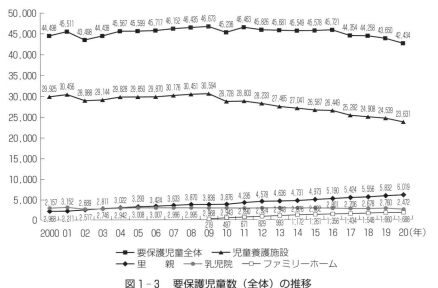

図 1-3　要保護児童数（全体）の推移

注：要保護児童数は，里親・ファミリーホームの委託児童数，乳児院・児童養護施設・児童心理治療施設・児童自立支援施設・母子生活支援施設・自立援助ホームの入所児童数の合計（ファミリーホームは平成21年度以降，自立援助ホームは平成15年度以降の数）。

資料：里親，ファミリーホーム，乳児院，児童養護施設，児童心理治療施設，母子生活支援施設は，福祉行政報告例（各年度3月末現在）。児童自立支援施設は，平成20年度までは社会福祉施設等調査，平成21年度以降は家庭福祉課調べ（各年度10月1日現在）。自立援助ホームは，家庭福祉課調べ（平成19年度，平成20年度は全国自立援助ホーム連絡協議会調べ）。

出所：こども家庭庁「社会的養育の推進に向けて」2023年，4頁。

いる家庭への支援も早急に対応すべき課題となっているといえるでしょう。

（3）要保護児童数の推移と家庭養護の増加

　このように，子どもたちの置かれている現状を概観すると，児童虐待やDV，経済的格差・貧困など深刻な問題が山積しています。さらに，今日では，支援が必要なひとり親家庭や地域社会における親子の孤立の問題，外国籍家庭，ヤングケアラー，学校でのいじめの問題等の多様な課題が生じており，個別の支援や保護を必要とする子どもたちの存在も数多く指摘されています。子どもが「自分らしく生きる」「一人の人間として尊重される」という当たり前の営みや生活が保障されていない，という現実があるのです。

---- コラム2　保護者の養育責任とは？ ----

　子どもは「その子にとってかけがえのない存在であるはずの親のもとで育てられることが望ましい」，これはいうまでもない，当然のことでしょう。しかし現実には，親によって育てられない子どもは数多く存在し，その子らは，家族や知人・友人，地域社会等との別れを経験せざるを得ない状況におかれています。では，その子どもたちはみな親から見捨てられ，養育責任を放棄されてしまったといえるのでしょうか。

　ここで，ある乳児院に勤務する保育士の言葉を紹介しましょう。

　　「乳児院に子どもを託した母親は，どんな理由があるにせよ，10カ月間，子どもをお腹に宿し，育ててきた人。生まれた後の子どもの人生を，他者に委ねることで守ろうとしている。母親が『産む』決断をしていなければ，今こうしてこの子に会うことはできなかったから，『(乳児院に) 預けてくれてありがとう』と伝えたい。」

　この母親は，自分自身の手で子どもを育てることはできなかったかもしれません。しかし，お腹の中で大切に子どもを守り，生まれた後の子どもの人生を乳児院に託すことで守ろうとしたということもまた，まぎれもない事実なのです。

　社会的養護においては，様々な人生を背負った親子との出会いがあります。子どもを守るためには，子ども自身だけではなく，その親・保護者自身や置かれた状況等を理解していくことも必要だといえるでしょう。

　それでは，実際に社会的養護に結びつく子どもたち（要保護児童）はどの程度存在しているのでしょうか。

　近年の要保護児童数の推移をみると，全体数こそやや減少しているものの，現在でも約4万2,000人の子どもたちが社会的養護を利用していることがわかります（図1-3）。少子化が進行し，児童数全体が減少する中で，その数は決して少ないとはいえません。そして，その内訳は，児童養護施設や乳児院等の施設養護が減少傾向にある一方，里親やファミリーホームなど家庭養護が増加してきています。つまり，社会的養護の中でも，より家庭に近い環境で子どもを養育する仕組みを中心とする流れが進められているといえます。

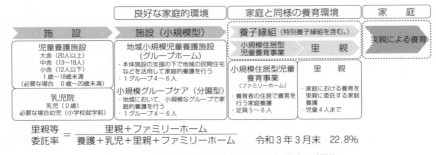

図1-4　家庭と同様の環境における養育の推進

出所：図1-3と同じ，12頁。

3　社会的養護の取り組みの基本的な方向

（1）家庭と同様の環境における養育の推進に向けて

　国は，今後の社会的養護について「家庭養育優先原則に基づき，家庭での養育が困難又は適当でない場合は，養育者の家庭に子どもを迎え入れて養育を行う里親やファミリーホーム（家庭養護）を優先するとともに，児童養護施設，乳児院等の施設についても，できる限り小規模かつ地域分散化された家庭的な養育環境の形態（家庭的養護）に変えていく」ことを提示しています。(6)

　また，前述したように，現在の社会的養護を支えている児童福祉施設についても，旧来の大舎制などでの養育を中心とした形態から，個々の子どもに対して丁寧なケアや支援を行うことができるよう，小規模グループケア（ユニットケア）などのハード面とともに，職員配置の見直しなどソフト面も併せて変革し，ケア単位の小規模化が進められています（図1-4）。さらに，施設における子どもへの養育や家庭復帰支援だけではなく，家庭復帰後の子どもと家族に対するアフターケアにより一層尽力し，里親家庭への支援，地域の子育て家庭への支援なども含めた，施設機能の高機能化・多機能化を果たすことが，今後の施設に求められる役割であるとしています。

　社会的養護につながる子どもたちが適切なケアを受けて回復し，自らの力を

引き出せるよう促していくとともに，それぞれの家族や家庭の回復への支援も同時に進められることが必要です。家族や家庭の養育力を取り戻せるよう，家庭を総合的に支援する仕組みづくりが社会的養護の基盤として重要になっているのです。

（2）一時的な「代替養育」から「永続的解決」へ
──「新しい社会的養育ビジョン」が示すもの

2016年の児童福祉法改正に規定された家庭養育優先の理念を具体化するため，2017年に「新しい社会的養育ビジョン」が提言されました。ここでは，ポイントとして，①市区町村を中心とした支援体制の構築，②児童相談所の機能強化と一時保護改革，③代替養育における「家庭と同様の養育環境」原則に関して乳幼児から段階を追っての徹底，家庭養育が困難な子どもへの施設養育の小規模化・地域分散化・高機能化，④永続的解決（パーマネンシー保障）の徹底，⑤代替養育や集中的在宅ケアを受けた子どもの自立支援の徹底などが挙げられ，これらは子どもの権利保障のために最大限のスピードをもって実現する必要があり，その工程において，子どもが不利益を被ることがないよう，十分な配慮を行うことが述べられています。[7]

「新しい社会的養育ビジョン」では，現在の社会的養護の中心を占めるのは児童福祉施設等における一時的な代替養育であり，これを特別養子縁組の推進等によって永続的解決をもたらすことを目指しています。「子どもにとって養育者が頻繁に交代することは，子どもへの影響が大きく，本来避けるべきである。しかしながら，一時保護，代替養育措置，施設から里親等への措置変更，家庭復帰，養子縁組への移行など，措置不調がなくとも養育者の交代は避けられない場合も多い」ことを指摘し，措置権者である児童相談所が，できる限り養育者の交代が少なくて済むようにケースマネジメントを行い，養育者の交代時にはケアの継続性が担保できる丁寧な支援が必要であるとしています。[8]この理念の下で，個々の子どもたちの状況に合わせた養育のかたちが実現されること，どのような養育のかたちであっても子どもの最善の利益が十分に尊重され

ることが目指されています。

（3）子どもの福祉を守るための社会的養護

　さらに，社会的養護に結びついた子どもたちを守るための仕組みの構築も不可欠です。2009年に作成され2022年6月に一部改正が行われた「被措置児童等虐待対応ガイドライン」では，基本的な視点として，施設職員や里親家庭が子どもの意見を受け止め尊重することを根底に置き，「虐待を予防するための取組」「被措置児童等が意思を表明できる仕組み」「施設における組織運営体制の整備」「発生予防から虐待を受けた児童の保護，安定した生活の確保までの継続した支援」の項目について引き続き明記するとともに，「里親による子どもの権利保障と養育実践」の項目を新設しています。

　本章第1節で述べた通り，2022年にはこども基本法が成立し，一人ひとりの子どもの将来を見すえ，その権利を包括的に保障することが掲げられました。そこでは，「こどもの養育については，家庭を基本として行われ，父母その他の保護者が第一義的責任を有するとの認識の下，これらの者に対してこどもの養育に関し十分な支援を行うとともに，家庭での養育が困難なこどもにはできる限り家庭と同様の養育環境を確保することにより，こどもが心身ともに健やかに育成されるようにすること」が明示され，子どもたちの権利を保障するための施策を具現化していくことを定めています。

　家庭での養育が困難になったとき，その事情や理由は多岐にわたっていますが，子ども自身に責任はありません。そして養育の主体であり責任を負うはずの親・保護者もまた，多くの困難に直面しています。すべての子どもたちの幸せを実現するためには，まずその保護者である大人が幸せであることが欠かせないのではないでしょうか。社会的養護という取り組みは，子どもの権利と福祉を守ると同時に，周りの大人たちに働きかけ，施設や里親家庭，多くの専門機関がそれぞれの特性を活かし，親子のもつ力を引き出しながら支援していく仕組みでもあるのです。

┌─ 事後学習 ─────────────────────────────
│
│ ①　保育所等において，子どもの権利を守るためにどのような取り組みが行われて
│ 　　いるか，考えてみましょう。
│ ②　子どもが権利の主体となるために，周りの大人が心がけるべきことについて挙
│ 　　げてみましょう。
│ ③　本章の学びを通して，自分の中の「社会的養護」のイメージを図に表してみま
│ 　　しょう。
│
└──────────────────────────────────

注

(1)　こども家庭庁「社会的養育の推進に向けて」2023年，11頁。

(2)　セーブ・ザ・チルドレン・ジャパン「子どもに対するしつけのための体罰等の意
　　識・実態調査結果報告書」2021年，6頁。

(3)　こども家庭庁「令和4年度 児童相談所における児童虐待相談対応件数（速報
　　値）」2023年，2頁（https://www.cfa.go.jp/assets/contents/node/basic_page/field_
　　ref_resources/a176de99-390e-4065-a7fb-fe569ab2450c/12d7a89f/20230401_policies_
　　jidougyakutai_19.pdf，2023年10月22日アクセス）。

(4)　こども家庭審議会児童虐待防止対策部会「こども虐待による死亡事例等の検証結
　　果等について（第19次報告）」2023年，109-110頁（https://www.cfa.go.jp/assets/
　　contents/node/basic_page/field_ref_resources/c36a12d5-fb29-481d-861c-a7fea
　　559909d/6735b11d/20230935_councils_shingikai_gyakutai_boushihogojirei_19-hou
　　koku_13.pdf，2023年10月22日アクセス）。

(5)　こども家庭庁支援局家庭福祉課，前掲書，5頁。

(6)　同前書，11頁。

(7)　新たな社会的養育の在り方に関する検討会「新しい社会的養育ビジョン」2017年，
　　2頁。

(8)　こども家庭庁支援局家庭福祉課，前掲書，9頁。

参考文献

新たな社会的養育の在り方に関する検討会「新しい社会的養育ビジョン」2017年。

神奈川県社会福祉協議会・児童福祉施設協議会 子どもの権利擁護研究会「養育ブッ
　　ク 改訂版──不適切な関わりに陥らないために」2018年。

川崎市「川崎市子どもの権利に関する条例」（https://www.city.kawasaki.jp/450/
　　page/0000004891.html，2023年6月10日アクセス）。

川崎市「川崎市子どもの権利に関する条例──各条文の理解のために」（https://

www.city.kawasaki.jp/450/cmsfiles/contents/0000026/26163/rikai.pdf, 2023年6月10日アクセス)。

こども家庭庁「社会的養育の推進に向けて」2023年。

厚生労働省「2022（令和4）年 国民生活基礎調査の概況」2023年（https://www.mhlw.go.jp/toukei/saikin/hw/k-tyosa/k-tyosa22/dl/14.pdf, 2023年7月11日アクセス)。

こども家庭庁「令和4年度 児童相談所における児童虐待相談対応件数（速報値）」2023年, 2頁（https://www.cfa.go.jp/assets/contents/node/basic_page/field_ref_resources/a176de99-390e-4065-a7fb-fe569ab2450c/12d7a89f/20230401_policies_jidougyakutai_19.pdf, 2023年10月22日アクセス)。

こども家庭審議会児童虐待防止対策部会「こども虐待による死亡事例等の検証結果等について（第19次報告）」2023年, 109-110頁（https://www.cfa.go.jp/assets/contents/node/basic_page/field_ref_resources/c36a12d5-fb29-481d-861c-a7fea559909d/6735b11d/20230935_councils_shingikai_gyakutai_boushihogojirei_19-houkoku_13.pdf, 2023年10月22日アクセス)。

厚生労働省『社会的養護自立支援事業実施要綱』2017年（https://www.mhlw.go.jp/file/06-Seisakujouhou-11900000-Koyoukintoujidoukateikyoku/0000167411.pdf, 2023年6月22日アクセス)。

📖 さらに学びたい人のために

日本弁護士連合会子どもの権利委員会編著『子どもの権利ガイドブック 第2版』明石書店, 2017年。

　　——子どもの権利についてより学びを深める上でお勧めの一冊。子どもの権利に関する基本的考え方についてまとめ, いじめや不登校, 児童虐待, 犯罪被害, 子どもの貧困等, 様々な場面における子どもの権利侵害の例とその対応について整理しています。教育基本法, 少年法, 児童福祉法, 児童虐待防止法等の法改正, いじめ防止対策推進法にも対応しており, 子どもの人権救済事件一覧表, 弁護士会の子どもの人権相談窓口一覧, 子どもの相談・救済機関（公的第三者機関）一覧, 子どものシェルターへの相談窓口一覧等を掲載した, 子どもに関わるすべての人が活用できる書籍です。

「施設で育った子どもたちの語り」編集委員会編『施設で育った子どもたちの語り』明石書店, 2012年。

　　——親の死亡や行方不明, 経済的事情や虐待等, 様々な事情によって親のもとで暮らすことができず, 社会的養護につながった子どもたち。そのように,

かつて児童養護施設や里親のもとで生活をした子どもが語る21の物語を収録した書籍です。家族との別れを経験した子どもたちが，施設や里親家庭等において寄り添ってくれた人たちとの出会いを通して成長し，自らの思いを自分自身の言葉で率直に語っています。社会的養護につながる子どもたちの「過去」「現在」「未来」を考える上で，その生の声から学ぶことのできる貴重な一冊です。

秋田喜代美・小西祐馬・菅原ますみ編著『貧困と保育――社会と福祉につなぎ，希望をつむぐ』かもがわ出版，2016年。

　――「保育から子どもの貧困を考える初めての本」。保育と貧困に具体的に焦点をあててまとめられた一冊です。保育現場において「子どもの貧困」「乳幼児期の貧困」が深刻な課題となっている今日，「見た目」だけではわからない貧困の現実について触れています。保育所保護者への調査結果や具体的な事例等を通して，子どもと親が幸せであるために何が必要なのか，保育者としてどのような支援を求められているのか，考えるきっかけを得られる一冊となっています。

第2章	社会的養護の歴史的変遷

本章の概要と到達目標

（1）概　要

　社会的養護はいつ，どうして必要になったのでしょうか。本章では社会的養護の歴史を学びます。先人たちは子どもの養育やニーズをどのようにして受け止めたのでしょうか。どのような方法や手段を見出したのでしょうか。そして，どのように改善したのでしょうか。過去の積み重ねが現代であり，現代の積み重ねが未来になっていきます。先人の解決方法や思想は，現代だけではなく未来にも通じる重要なものが数多くあります。先人を学ぶことで，新たな問題への解決や思想する力を養いましょう。

（2）到達目標

① 　ヨーロッパで起こった子どもの人権の流れを理解する。

② 　アメリカで起こった家庭養育重視を理解する。

③ 　日本の社会的養護の流れと，欧米から受けた影響を理解する。

④ 　日本の社会的養護がどのような方向に向かっているかを理解する。

事前学習

① 　「社会福祉」「子ども家庭福祉」の授業のうち，欧米の歴史的変遷について内容を確認しましょう。

② 　産業革命とはどのようなものだったのか確認しましょう。

③ 　「社会福祉」「子ども家庭福祉」の授業のうち，日本の歴史的変遷について内容を確認しましょう。

④ 　（「3　社会的養護に求められるこれからの方向性」と合わせて）児童福祉法について，成立時の第1～3条と，2016年度改正の第1～3条の違いを比較しましょう。

1　欧米における社会的養護の歴史的変遷

（1）イギリスを中心としたヨーロッパの歴史的変遷

　イギリスは「大英帝国」と呼ばれる強大な力と植民地を所有していました。この「大英帝国」は徐々に時代が変化する中で，どこの国も経験しなかった新たな問題に直面していきます。

1）共同体と子ども

　中世のイギリスは領主が農奴を支配していました。農奴は助け合いの生活を営んでいましたが，疫病や飢饉になれば，領主が農奴を保護しました。この共同体に入っていれば高齢者や障害者・孤児も生活ができていました。共同体の輪に入ることができなかった高齢者や孤児たちは教会が救っていました。徐々に戦乱や凶作といった問題が起き，力を失う領主が出てきました。農奴は土地を離れ貧民となって，各地を放浪しました。物ごいや犯罪など，住民たちに不安を与える貧民集団へと発展していったのです。

　一方，都市部にはギルドと呼ばれる共同体が形成されていました。ギルドも領主と農奴の関係に類似した関係性がありました。子どもたちは5〜6歳になると親方の下で徒弟となり，厳しい職業訓練を受けました。徒弟制度の中にいれば生活が保障されたのです。農村部の貧民問題は徐々に治安へ不安を与えるようになります。貧民対策を行う「救貧法」と呼ばれる法律が作られました。

　1531年，放浪禁止などを定めた最初の救貧法が制定されました。新たな課題への対応が必要となり度重なる改正が行われました。エリザベス1世即位後に制定された救貧法は特に「エリザベス救貧法」と呼ばれています。このうち1601年の改正では，教会が慈善事業として行っていた救貧対策を国が実施することに変更しました。貧民のうち親が貧しく，扶養することができない子どもは，徒弟を強制し，財源を確保するために税金を徴収することにしました。

2）産業革命と子どもへの福祉の芽吹き

　1739年，イギリスで最初の捨て子養育所をトーマス・コーラム（T. Coram）

が設立します。町中に捨て子の姿があることに心を痛め，設立に走り回ります。一方，スイスで活躍していたヨハン・ハインリッヒ・ペスタロッチ（J. H. Pestalozzi）は，ジャン＝ジャック・ルソー（J. J. Rousseau）に影響を受け，貧しい子どもたちへの慈善事業や教育を実践し，貧民学校や孤児院などを設立しました。

　ペスタロッチやルソーは，子どもは「労働力や社会の再生産のためではない」とする新たな子ども観を世の中に示しました。ペスタロッチらの著書や実践は，後に登場するロバート・オウエン（R. Owen）に影響を与えました。

　1760年代の産業革命によって，熟練の職人がもつ専門的な技術は不要になりました。安い賃金で雇われた女性や幼い子どもが労働者として働くようになり，街には成人男性の失業者であふれました。劣悪な環境で子どもたちが働かされたため，当時の労働者の平均寿命は15歳だったといわれています。

　1782年にギルバート法が制定され，労役場（ワークハウス）が孤児や老齢者たちの収容施設として活用されるようになりました。元々，労役場は貧民救済の抑制と新たな労働力を育成する施設でしたが，失業者が増大しつづけ，救貧法では対応が難しくなってきたのです。

　1802年には子どもの労働について定めた，いわゆる「工場法」が作られました。就業可能な年齢は9歳以上，17歳までの労働時間は12時間に制限，深夜勤務も禁止しました。食事や宿舎を定め，良質な労働力を再生産するために教育を受ける機会も与えられました。工場法は改正を重ね，保護の対象が一般の子どもにまで拡大していきました。しかし法を破る工場が相次いだため，1833年の改正では法の遵守を確認する工場監督官を置くなどの改善が行われました。

　1816年，ロバート・オウエンは経営していた工場内に「性格形成学院」を開設しました。目標は労働者の幸福です。これは諸能力の調和的発展と人格の完成と位置づけられており，ペスタロッチらに影響を受けたオウエンの教育思想を具体化するものでした。また労働とは無関係な1～6歳を対象にした幼児学校を設けました。これは，誕生から社会の悪い風習に染まらず，本質的・基礎的なものを幼児の精神に浸透させる目的と，親から子どもを預かり，親が安心

して労働できるようにする二つの目的がありました⁽¹⁾。産業革命，フランス革命
など，ヨーロッパ各地では政情が不安定でしたが，先人たちの活躍により子ど
もたちへの福祉や教育が芽吹いていました。

3）貧困と子ども

1857年「浮浪児，困窮児，非行児の保護および教育のための，よりよき施策
のための法律」が成立し，浮浪児に対する公的支援が始まります。判事は7歳
から14歳の浮浪児を，認可職業訓練学園に送ることができました。退園時には，
両親や保護者が書類を提出させることで，子どもを12カ月間適切に養育する約
束をさせたのです。両親・保護者が従わないときには，学園から児童を退園さ
せないようにしました⁽²⁾。

19世紀末ごろから里親制度が広がりをみせましたが，謝礼を受け取るだけで，
養育を放棄する里親がいました。家庭内や会社内での児童虐待も社会的な問題
となっていました。1883年にはリバプールで児童虐待防止協会が設立され，
1889年には児童虐待防止法が制定されました。1870年，トーマス・ジョン・バ
ーナード（T. J. Bernard）が無条件で子どもを受け入れるバーナード・ホーム
を設立しました。

バーナード・ホームは保証人や利用料を求めないこと，健康診断の状況で施
設を決定すること，申し出を拒否しないこととし，小舎制，里親委託を基本と
していました。1891年に制定された児童監護法は「バーナード法」とも呼ばれ
ていました。バーナード・ホームには虐待などによって家庭から分離された子
どもが入所していました。しかし「我が子を返してほしい」と，親権を争う裁
判が起こされたのです。当時は親権が最優先されていましたが，徐々に子ども
を守るために家庭を分離する必要性が理解されてきました。「バーナード法」
では子どもの権利を保護するために，施設に対し一定の権限を与えました。

4）児童の権利に関する条約ができるまで

1900年，スウェーデンの教育者エレン・ケイ（E. Key）は『児童の世紀』を
著します。「20世紀は子どもの世紀である」として，ルソーやペスタロッチの
思想を踏まえながら，新しい子ども観「児童中心主義」として昇華させました。

1919年にはエグランタイン・ジェブ（E. Jebb）と妹のドロシー（D. Buxton）が尽力し「セーブ・ザ・チルドレン」（児童救済基金）を設立しました。「私には11歳以下の敵はいない」をスローガンに活動を開始しましたが，厳しい批判もありました。徐々に理解者が増え「第一次世界大戦の最大の犠牲者は子ども」との認識が広がりました。ジェブは1922年の「世界児童憲章」や，1924年の「（児童の権利に関する）ジュネーブ宣言」の草案に加わるなど，活動が広く認められるようになりました。[3]

　第二次世界大戦後の1948年に「世界人権宣言」，1959年には「児童の権利に関する宣言」が採択されます。戦争を背景に，世界各国の子どもに対する考え方や政策への取り組みが少しずつ前進していきます。こうした中で，子どもは発達途中にあることから大人とは異なる対応を行うために宣言が出されます。

　しかしながら，こうした宣言は実際の効力が弱いため，宣言の実施状況は良いものではありませんでした。より効力の高い条約への動きが徐々に出てきました。

　1989年に「児童の権利に関する条約」が国連で採択されます。児童観が「保護される存在」から「権利を持った主体」へ大きく転換する事になります。この転換には，コルチャックの実践や思想をポーランドが条約の草案としてまとめたことがきっかけです。

　ヤヌシュ・コルチャック（J. Korczak）は1918年に『子どもをいかに愛するか』を著して以降，ホロコーストで子どもたちとともに姿が見えなくなるまで，様々な著書で子どもの権利に関する考えを示しました。コルチャックは，孤児院「ドム・シェロト」の院長，作家，小児科医でした。コルチャックは自発的な子どもの生活を尊重し，「大人に保護された子ども」という児童観を否定していました。子どもは善でも悪でもなく，様々な可能性をもつ「子ども」という存在であり，子どもを人間として尊重していました。孤児院「ドム・シェロト」では，自発的な生活をする基礎として子どもが会議を開催することで，人として大人も子どもも関係なく，同じ人間として等しい立場であることを実践したのです。

5）児童法の制定

1944年，里親による栄養不良と身体的暴力により，里子のデニス・オニールが亡くなる事件が起こりました。調査報告には，度重なる制度変更によって混乱が生じ，里親を監督ができていなかったことが指摘されました。この事件を受け，1948年に「児童法」が制定されます。強制的に親子分離を行う場合には，裁判所の適任者命令か親権の決議が必要になりました。1969年に成立した「児童少年法」では，適任者命令は廃止されましたが，親子分離時のケアや安全確保などの対応が強まりました。1975年の改正「児童法」では，子どもが抱えている自身の問題に対し，希望や思いを考慮することを盛り込んだものに変更されました。2004年の「児童法」改正では，すべての子どもを対象としたサービス改革プランの作成と推進が示されました。

（2）アメリカ合衆国の歴史的変遷

アメリカ合衆国がイギリスの植民地の時代，一攫千金を夢見て多くの人々がアメリカに渡りました。しかし，夢を摑んで富を得たのは一握りの人だけでした。

1）アメリカにおける社会的養護の始まり

1727年にルイジアナ州ニューオリンズのウルスラ会修道院の中に，インディアンの襲撃により親を失った子どもを保護する施設が設けられ，1740年にはジョージア州に孤児院が設立されました。戦争を経てイギリスから独立しましたが，植民地時代に生じた貧富の差は徐々に大きくなっていきました。子どもの施設も徐々に増えていきましたが，その多くが大人数を受け入れていたため「孤児収容所」などと呼ばれていました。一部は，補助金を目的に長期間・大人数を受け入れる施設もありました。

こうした状況に市民達の間から改善を求める動きが起こります。1853年，宣教師のチャールズ・ローリング・ブレイス（C. L. Brace）が貧しい子どもたちを救済する目的でニューヨーク児童援助協会を設立しました。当初は子どもたちへの直接的な支援を行っていました。しかし，施設は集団生活によって子ど

もの独立心や生活の活力を失わせると指摘しはじめます。そして，家庭生活や個人的指導によって環境を変えることが必要だとして，中西部の農家へ子どもたちを里子として委託する活動へ変化してきました。[4] この里親委託には農家の労働力不足を補うためのもの，都市から身寄りのない子どもを移動させただけ，などの批判もありましたが，当時の施設養護では個人的指導が難しいこともあり，1920年代末まで続けられました。

2）児童福祉白亜館（ホワイトハウス）会議

1909年「第1回児童福祉白亜館会議（子どもに関するホワイトハウス会議）」が開催されました。当時の大統領セオドア・ルーズベルト（T. Roosevelt）は，「児童は緊急やむをえない理由がない限り，家庭生活から引き離されてはならない」と宣言しました。会議では，家庭での生活が難しい場合には里親委託を優先し，施設は小舎制にする方向性を示しました。

3）ホスピタリズムとヘッド・スタート・プログラム

1935年，「要扶養児童援助（ADC）」が始まりました。扶養が必要な子どもがいる家族を対象とした制度で，生活保護の一つとして位置づけられました。1962年には対象を拡大し「要扶養児童家庭扶助（AFDC）」へと変更されました。さらに1996年には自立支援を目的とした「貧困家庭への一時的扶助（TANF）」へ変更されました。

　一方で1950年代から「ホスピタリズム」が社会問題化しはじめます。「ホスピタリズム」は「施設病」などとも訳されています。「ホスピタリズム」は1800年代に「一般家庭と比較して孤児院などの施設で子どもの死亡率が高い」という指摘が問題の始まりでした。当初は医療的ケアや栄養などの不備や不足が原因だと考えられていました。しかし十分に提供しても解決しない事例が多く，その一方で施設にいる子どもたちの身体的・精神的な遅れを指摘する報告が多く行われていました。ニューヨーク州の小児科医チャピン（H. D. Chapin）は家庭が持つ治療的な機能に注目し，施設内の子どもを一般家庭に一時的に預けて，健康の回復を図り死亡率を低下させました。この結果は前述の「第1回児童福祉白亜館会議」でも報告され，里親委託重視を後押しすることとなりました。

┌───── コラム3　ルーズベルトとウエスト⁽⁵⁾ ─────┐

　ルーズベルトの友人であるジェームズ・E・ウエスト（J. E. West）は，要保
護児童の問題に強い関心を持っていました。「大統領が有力なソーシャルワー
カーたちを招集して会議を行えば，要保護児童の問題を解決する良いプランが
出る」と，ルーズベルトに持ちかけたのでした。これにルーズベルトが賛同し，
第1回児童福祉白亜館会議が開催されたのでした。2日間にわたった会議に
200人もの人が参加し，連邦児童局の設立が決まるなど，大きな成果が得られ
ました。

　ウエストは幼い頃に孤児として施設で育ちました。苦学して弁護士資格を取
得した後，ルーズベルトの側近となる機会を得ました。ウエストがルーズベル
トに持ちかけなければ，社会的養護を大きく転換する出来事は起こっていなか
ったかもしれません。

└──────────────────────────────┘

　1950年代に入って施設に入所する子どもの死亡率は低下したものの，子ども
の身体的・精神的な発達の遅れが見られていました。1951年，イギリス人のボ
ウルビィ（J. Bowlby）が『乳幼児の精神衛生』を発表しました。乳幼児期には
母親もしくは母親代わりの特定の養育者による一貫した養育と，温かい人間関
係が不可欠であることを示します。こうした関係が欠けている状況を「母子剝
奪」として，施設などでの集団生活を送っている子どもに心身の発達に遅れや
問題が生じるため，家庭での養育が困難な場合は養子縁組，里親委託を第一に
すべきだと示しました。また，乳幼児の施設養護は避け，年長児であってもで
きるだけ短期間とし，施設規模は小さくかつ小舎制が望ましいと示しました。

　1958年，ニューヨーク州精神衛生局技術長官のロレッタ・ベンダー（L.
Bender）は，子どもの人格形成には特定の養育者との生活経験が不可欠だとし，
子どもは施設ではなく家庭で育つべきだという考えを示しました。アメリカで
は徐々に人格形成の課題として，家庭にいても親の愛情を受けられずにいる子
どもとその親の存在を問題視し，このような子どもとその親への対応が議論さ
れるように変化してきました。⁽⁶⁾

　1964年「公民権法」が制定され，人種や肌の色，宗教，性別，出身国による

差別が禁止になりました。社会へ平等に接続・参加する機会を保証するもので
す。

　1965年，ヘッド・スタート・プログラムが開始されました。対象は低所得の
家庭にいる 5 歳までの幼児と身体障害児です。医療・栄養・教育などを支援し，
学校や社会への適応を目指した制度です。元々は前年に制定された経済機会法
を根拠にした別のプログラムでした。地域に資金と権限を与え，地域の様々な
資源を活用し，貧困を解消する内容でしたが，批判の声があがりました。そこ
で生み出されたのが，幼い子どもを対象としたヘッド・スタート・プログラム
でした。

　1980年に「養子縁組促進および児童福祉法（AACWA）」が制定されました
が，これを1997年に改正して「養子縁組および安全な家族に関する法
（ASFA）」が制定されました。養育者や養育環境との永続的な関係を重視した
支援計画（パーマネンシープラン）を考慮し，養子縁組まで視野に入れた支援を
行うことになっています。

2　日本における社会的養護の歴史的変遷

　日本ではお互い様の助け合いと仏教の慈善活動が中心で，公的な救済制度が
弱い状況が長らく続いていました。

（1）慈善の始まり──古代から幕末まで

　593年，四天王寺が現在の大阪府天王寺区に建立されました。この中に，寺
院として 敬田院，孤児や身寄りのない高齢者のための施設として悲田院，病
院として 療病院，薬草を栽培し製薬する施設として施薬院の 4 つが設けられ
ました。日本における救済制度の起こりであるとともに，仏教的な慈善活動の
始まりともいわれています。718年に戸令という救済制度が作られました。父
のいない子ども，高齢者，病気の人たちを近親者が支え，近親者がいない場合
は近隣の人たちが支えるものです。古代における救済制度は近親者や近隣の人

たちが支えていましたが，支えが得られない人には，寺院や僧侶らが支えていました。こうした関係性は長らく日本の救済制度の中心的な役割を担っていました。

　江戸時代には各藩が対応を行いましたが，藩主の考えや財政負担の状況によって対応が大きく異なっていました。当時は財政面から救済よりも防貧に重点が置かれ，年貢の基本となる人口を確保するために間引きや堕胎が禁止されていました。(7)こうした中で会津藩主の保科正之，水戸藩主の徳川光圀，加賀藩主の前田綱紀たちは，飢饉や高齢者対応などで優れた政治を行い「名君」といわれています。

（2）明治から第二次世界大戦まで

1）公的支援と仏教による慈善組織の設立

　貧民政策は明治になってから藩を引き継いだ各県が行っていました。1869年，貧しい人々を救うために現在の東京都港区に「三田の貧院」が設けられました。また，現在の大分県では当時の知事松方正義が「日田養育館」を設置しました。

　1872年には「東京府養育院」が設置されました。身寄りのない子どもや高齢者，路上生活者，障害のある人，非行により感化が必要な子どもを養育するための施設です。設立理由は，ロシア皇太子が日本を訪問する際，浮浪児の姿を見せたくないという外交上の配慮があったためですが，配慮が必要なほど浮浪児が至る所にいたのです。養育院の院長であった渋沢栄一は感化が必要な子どもたちを特に重視し1900年「感化部」として独立させました。

　一方，1871年には明治政府より棄児養育米給与方が公布されました。幼い頃に捨てられた15歳までの棄児の養育者に米が支給されたのです。次いで1874年に恤救規則が公布され，貧民政策が国家による公的支援によって実施されることになりました。

　1879年，仏教各宗派の僧侶たちが協力し「福田会育児院」（現：広尾フレンズ）が設立されました。また1883年には長野で「善光寺養育院」が設立されるなど，仏教も組織的な慈善活動を本格化させました。

2）保護が必要な子どもの施設

　1887年，イギリスのブリストル孤児院の創設者ジョージ・ミュラー（G. Müller）の教えに感銘を受けた石井十次は，3人の子どもを預かり「孤児教育会」と名づけて活動を始めました。しかし，新聞に「岡山孤児院」と紹介されたため，岡山孤児院の名前が広がりました。

　石井十次は医師を目指していましたが，ルソーの『エミール』の影響を受け農業を取り入れた労作教育を用いた「散在的孤児院」（里親村）の建設を目指しました。また1906年，バーナード・ホームを参考に，家族で生活することを基本に保母と子ども十数人が一緒に暮らす家（グループホーム）を建設します。石井十次は入所した子どもが「乳幼児から殖民（腿民）として独立し，家庭をもつまで」のライフステージを見通した支援を実践したのです。

　一方で1872年には，横浜でフランス人修道女マチルド・ラクロット（M. Raclot）が「仁慈堂（一部資料には慈仁堂とも）」を設立しました。ラクロットは横浜の港に着いてまもなく，棄児たちを集め養育を始めました。後に教育事業も開始し，菫学院として拡大させます。1874年にはフランス人宣教師マルク・マリー・ド・ロ神父（Marc Marie de Rotz）と岩永マキらが浦上養育院を設立しています。この頃，キリスト教を布教するために多くの宣教師や修道女たちが来日し，岩永のように入信した現地の人々が協力して慈善事業を行っていました。慈善事業には設立した後も，運営する資金が必要です。布教を目的に来日したキリスト教宣教師や修道女たちは，教育事業や病院経営などで得た収益を慈善活動に用いる手法を採っていました。

　一方，乳児を対象とした施設は1923年に発生した関東大震災をきっかけに誕生します。この時，北里柴三郎は被害を受けた乳児のために「恩賜財団済生会臨時赤羽乳児院」を設置しました。この臨時乳児院が翌年1月「恩賜財団済生会赤羽乳児院」へと発展し，常設の施設に移行しました（現・済生会中央病院附属乳児院）。

3）不良行為を行った子どもの施設

　1883年，池上幸枝が大阪にある自宅で感化院を設立しました。感化院は，非

行など不良行為を行った子どもを入所により更生する施設です。1885年には教誨師の高瀬真卿が東京で予備感化院を設立しています。翌1886年には僧侶の服部元良が千葉感化院を設立，1899年には留岡幸助が一人の少年を預かり，感化院としての活動を始めました。

　留岡は家庭学校（現：東京家庭学校）を設立し，後に神奈川県茅ヶ崎（現：東京都誠明学園）と北海道（現：北海道家庭学校）に分校を設けます。家庭的な雰囲気を重視し，自然の中で農作業などを通じて教育を実践していました。翌1900年には，「感化法」が制定されました。感化法制定前は，成人と同じ監獄内に更生施設を置いていましたが，効果が不十分なため施設を分離させることにしたのです。1919年には，国立感化院（現：武蔵野学院）が設立されました。教育・学校関係者を多く配置し，小原國芳の全人教育を参考にするなど，監獄とは異なる取り組みが行われました。(8)

4）障害のある子どもの施設

　1891年に起きた濃尾地震の後，身売りされた女子がいることを知った石井亮一は，女子を対象とした「孤女学院」を設立しました。知的に障害がある子どもが入所したことをきっかけに研修や研究を重ね，1897年には，知的障害児の施設「滝乃川学園」へ施設を変更しました。当時は知的障害児に対する法的な整備が不十分であったため，施設では高い月謝と寄附金に収入を頼るなど，経営には苦労がありました。(9)

　1931年，田中正雄が広島教育治療園を設立しました。高等小学校の校長職にありましたが，知的障害児の恵まれない状況を改善するために校長職を捨てて小学校の代用教員となり，教室で熱心に教育に取り組みました。その活動を発展させるために農家を改造し，広島教育治療学園を設立したのです。(10)1942年，高木憲次が「整肢療護園」を開園させます。高木は，肢体不自由児は治療に専念すると教育の機会を失い，教育を受ければ治療の機会を失うジレンマを突き止めました。治療と教育を両立できる「教療所」の必要を主張し，「整肢療護園」を開園させたのです。(11)(12)

5）恤救規則から救護法へ

　昭和に入り，1929年には恤救規則が廃止され，新たに「救護法」が設けられました。貧困で生活困難な65歳以上の老衰者，13歳以下の子ども，妊産婦，母子が救済対象になりました。

　1933年には感化法を全面改正した少年救護法が公布されました。また同年には児童虐待防止法が制定されました。不作や不景気などにより，子どもの身売りや殺害，親子心中などが多発したのです。

（3）戦争孤児への対応と児童福祉法の制定──第二次世界大戦後

　戦争で身寄りを失った「戦争孤児」は大きな問題になりました。住む場所を失った孤児たちは浮浪を始めます。ゴミ箱をあさる，物を盗むなど，生きるために必死でした。1946年，政府はGHQの意向を受け「狩り込み」を実施します。浮浪する子どもたちを強制的に施設へ収容したのです。逃げないよう檻を設ける，裸で生活させるなどの施設もありました。東京では子どもの数に対して施設が不足しました。日々の対応が手一杯であったため，存在記録が残っていない施設もあります。[13]

　1947年に児童福祉法が制定されました。この時，児童福祉施設として助産施設，乳児院，母子寮，保育所，児童厚生施設，養護施設，精神薄弱児施設，療育施設，教護院が法的に規定されました。また，1948年には厚生省事務次官通知として「里親家庭養育運営要綱」が出されました。

　1946年，糸賀一雄が近江学園を設立します。近江学園は児童養護施設と知的障害児施設の機能を持ち合わせた施設です。糸賀は1963年には重症心身障害児施設の「びわこ学園」を設立しています。

　1950年代，日本にもホスピタリズムが伝わり，約10年にわたって論争が起こりました。論点は子どもの養育不良だけではなく，施設の環境整備や職員配置，職員の呼び方など幅広いものでしたが，その後の環境改善に影響を与えました。

　1961年に，情緒障害児短期治療施設が設けられました。また，1964年には母子福祉法が制定されました。困窮した母子家庭を生活困窮者として対応してい

┌───┐

───── コラム4　赤ちゃんあっせん事件(14) ─────

　1973年，宮城県の地方紙に「生まれたばかりの男の赤ちゃんをわが子として育てる方を求む」という広告が掲載されました。石巻市の産婦人科医，菊田昇医師が出した広告です。菊田医師は，中絶によって命が失われる事に心を痛めていました。「命を救いたい」という思いにより，中絶に来た女性を説得して出産させたのです。産まれた赤ちゃんは信頼できる夫婦に託しましたが，菊田医師は出産した母親ではなく，育ての母親が出産したように書類を偽造したのです。全国紙の記者が菊田医師の出した広告に興味を持ち，取材しました。菊田医師は記者の質問へ正直に答えたことで，行為が明らかになりました。菊田医師の行為は法に触れるものであったため逮捕されました。犯罪行為は好ましいものではありません。しかし，「命を救いたい」との強い思いが，その後の特別養子縁組制度の成立へとつながったのです。

└───┘

ましたが，これでは不十分であったことから抜本的な改革を行ったのでした。1988年には特別養子縁組制度が施行されます。

（4）児童の権利──平成以降

　1989年，「児童の権利に関する条約」が国連で採択され，日本も1994年に批准しました。児童観が大きく転換され，日本では採択から批准までの間に国内の法律や制度を改めていきました。

　1997年，養護施設と虚弱児施設が統合され児童養護施設になりました。また，母子寮は母子生活支援施設に，教護院は児童自立支援施設に名称が変更されました。翌年には精神薄弱児施設が知的障害児施設へ名称変更されます。

　2000年には地域小規模児童養護施設（グループホーム）が設けられました。2002年には里親制度が改正され，新たに専門里親，親族里親が創設されました。里親を支援する事業として，研修事業，養育相談事業，一時的休息のための援助（レスパイトケア）が導入されました。

　2003年，社会保障審議会「社会的養護のあり方に関する専門委員会」により報告書がまとめられました。政府に対し児童養護施設等の量的拡充と質的向上

などについて検討と改善を求める内容でした。2004年には小規模グループケア
が，2009年には小規模住居型児童養育事業（ファミリーホーム）が開始されまし
た。里親制度も改正され，里親支援事業と里親委託推進事業を統合し，里親支
援のための機関が置かれるようになりました。2010年には障害児を対象とした
施設を見直し，障害児入所施設と児童発達支援センターが規定されました。
2016年の児童福祉法改正により，情緒障害児短期治療施設が児童心理治療施設
に名称変更されました。

3　社会的養護に求められるこれからの方向性

（1）社会的養護の変化

　1997年の児童福祉法改正で，社会福祉基礎構造改革を先取りするように相談
支援体制の強化，保護から「自立支援」への転換が行われました。一方，家庭
で適切な養育を受けることができないために施設入所した子どもが，施設内で
も適切な養育を受けることができない状況が明らかになりました。そのため，
1997年に「児童養護施設等における適切な処遇の確保について」，翌1998年に
は「懲戒に関わる権限の濫用禁止について」が相次いで発出されました。また，
施設退所後に経済的など，様々な問題を抱えたことで生活できなくなる子ども
もいました。その対応として，2003年の児童福祉法改正では，退所後に支援を
行うアフターケアが導入されました。

　2011年の「社会的養護の課題と将来像」では，施設の小規模化，里親など家
庭的養護の推進，虐待やDVを受けた子どもや母親に対する専門的ケアの充
実，施設運営の質と職員の専門性の向上，親子関係の再構築支援，自立支援，
子どもの権利擁護など，社会的養護の課題と方策が示されたことで，新たな方
向に歩み始めました。

（2）新しい社会的養育へ

　2016年の児童福祉法改正では，制定以降，初めて第1条から第3条が改正さ

れました。子どもが権利の主体であることを明記したほか，家庭養育の優先，社会的養育の充実，実親が養育困難な場合には特別養子縁組による永続的解決（パーマネンシー保障）や里親による養育推進などが示されました。

　この改正に基づいた社会的養護が実施されるよう，2017年には「新しい社会的養育ビジョン」が示されました。市区町村を中心とした支援体制の構築，児童相談所の機能強化と一時保護の改革，「家庭と同様の養育環境」の徹底，施設養育の小規模化・地域分散化・高機能能化，永続的解決（パーマネンシー保障）の徹底，子どもの自立支援徹底がポイントとして示されました。

　「新しい社会的養育ビジョン」では目標とその年限などが決められました。里親委託率は，３歳未満は概ね５年以内に75％以上（2021年度末時点で25.3％），就学前の子どもは概ね７年以内75％以上（2021年度末30.9％），学童期以降は概ね10年以内を目途に50％以上（2021年度末21.7％）となっています。里親委託率は徐々に上昇しつつあり，2021年度末時点で目標値を到達している自治体（浜松市85.0％など）もある一方，０％の自治体（横須賀市，港区など）もあります。また，特別養子縁組については，概ね５年以内に現状の約２倍となる年間1,000人以上の成立を目指しています（2021年683件の成立）。国は各都道府県の取り組みを支援する一方，その取り組みを公表し，個別にヒアリングや助言等を行っています。加えて，意欲のある自治体については，財政面や抱えている課題対応を支援しています。子どもが虐待を受けたり，要保護児童になったりすることは特別な背景をもつ特別な家庭に発生する問題ではありません。子育て中のどの家庭でも起こりうる問題です。

　そのような意味では，社会保障と同様に親や保護者の誰もが起こる可能性をもったリスクですし，すべての子どもに生じるリスクだと考えることができます。すべての子育て家庭と子どもに起こるリスクとして準備しておく必要があります。保育士を目指す私たちにとっても，特別な問題ではありません。私たちが将来，保育所で担当した子どもにこうしたリスクが生じる可能性もあるのです。

　これまで子どもの福祉は何らかの課題が生じた子どもや家庭を対象としてき

ました。第二次世界大戦後は戦災孤児であり，高度成長期以降は借金苦などで親がいなくなった子どもでした。そして，近年は児童虐待を受けた子どもです。こうした課題が生じた子どもだけではなく，潜在的なリスクや予防的な支援も含め，すべての子どもと子育て家庭が支援の対象へと変わってきました。

　本章では歴史的変遷を学んできましたが，先人たちは元々何かを成し遂げようとしたり，名前を後世に残そうとしたりしていたわけではありません。子どものそばにいて，解決が必要な問題が生じ，がむしゃらに子どもを支えた結果としてそうなったのです。あなたもきっと，保育士資格を得て子どものそばにいて，毎日をがむしゃらに子どもや家庭を支えていくことでしょう。すべての子どもが家庭状況に左右されることなく，自らの夢に向かって将来に歩んでいける未来をつくるために，私たちはまずこの社会的養護の授業を大切にし，理解し，実践できるよう学んでいきましょう。

事後学習

① 「社会福祉」「子ども家庭福祉」の欧米の歴史的変遷と内容を突き合わせながら，社会的養護と子どもの人権の変遷を確認しましょう。

② コルチャックはどのような人物なのか詳しく調べましょう。

③ 日本の社会的養護は，第二次世界大戦後は戦災孤児が対象でしたが，徐々に変化してきました。どのように変化したのか，順を追って背景をまとめましょう。

注

(1)　芝野庄太郎「イギリス産業革命とロバート・オーエンの教育思想」『教育哲学研究』1，1959年，18-35頁。

(2)　三上邦彦「ドクター・バーナード・ホームの慈善事業による子どものケアに関する研究――創設の背景と設立前史」『岩手県立大学社会福祉学部紀要』14，2012年，49-54頁。

(3)　金子光一「イギリスの児童福祉領域における国家責任主義への移行過程」『東洋大学社会福祉研究』2，2009年，42-53頁。

(4)　田中きく代「『孤児列車』にみる19世紀中葉の民間児童福祉の展開について――ニューヨーク児童援助協会による貧窮児童の西方移住政策を中心に」『人文論究』46(3)，1996年，144-158頁。

⑸　ウォルター I. トラットナー／古川孝順訳「アメリカ社会福祉の歴史——救貧法から福祉国家へ」川島書店，1978年，178-182頁を参照して執筆。

⑹　美馬正和・堀允千・鈴木幸雄「日本の社会的養護とホスピタリズムの動向」『北海道文教大学論集』(22)，2021年，135-146頁。

⑺　吉田久一『日本社会事業の歴史』勁草書房，1966年，70頁。

⑻　竹原幸太「武蔵野学院職員の感化教育・少年教護実践史研究——初代院長菊池俊諦を基点として」『教育学研究』82(3)，2015年，402-414頁。

⑼　椎名清和「岡野豊四郎の実践を問い直す——戦前の知的障害児施設における事業構想」『研究紀要』10，2004年，155-164頁。

⑽　坂口桂子「家族経営の源流——昇地三郎氏の生活史より」『大分県立芸術文化短期大学研究紀要』43，2005年，47-56頁。

⑾　心身障害児総合医療療育センターホームページ「沿革」(https://www.ryouiku-net.com/about/history.html，2023年8月10日アクセス)。

⑿　村田茂「時代を読む30——高木憲次と肢体不自由児療育事業」『ノーマライゼーション——障害者の福祉』32(369)，2012年，公益財団法人日本障害者リハビリテーション協会情報センター (http://www.dinf.ne.jp/doc/japanese/prdl/jsrd/norma/n369/n369001.html，2023年8月10日アクセス)。

⒀　藤井常文『戦争孤児と戦後児童保護の歴史——台場，八丈島に「島流し」にされた子どもたち』2016年，明石書店。

⒁　日本財団　子どもたちに家庭をプロジェクト，「〈産婦人科医・菊田昇医師の妻・菊田静江さんインタビュー〉すべては赤ちゃんの命を救うために　菊田昇医師の闘いが残してくれたものとは」(https://nf-kodomokatei.jp/interview/4月4日養子の日-すべては赤ちゃんの命を救うため.html，2023年10月25日アクセス)。

⒂　こども家庭庁支援局家庭福祉課「社会的養護の推進に向けて」2023年4月5日 (https://www.cfa.go.jp/assets/contents/node/basic_page/field_ref_resources/8aba23f3-abb8-4f95-8202-f0fd487fbe16/355512cb/20230401_policies_shakaiteki_yougo_68.pdf，2023年8月10日アクセス)。

参考文献

右田紀久恵・高澤武司・古川孝順編著『社会福祉の歴史』有斐閣，2004年。

清水教惠・朴光駿編著『よくわかる社会福祉の歴史』ミネルヴァ書房，2011年。

山縣文治・岡田忠克編『よくわかる社会福祉』ミネルヴァ書房，2014年。

山縣文治・柏女霊峰編『社会福祉用語辞典』ミネルヴァ書房，2013年。

吉田久一・岡田英己子『社会福祉思想史入門』勁草書房，2000年。

吉田久一『新・日本社会事業の歴史』勁草書房，2004年。

乙訓稔「子どもの権利論の系譜と展開──E・ケイとJ・コルチャックを焦点として」『生活科学部紀要』46，実践女子大学，2009年，61-71頁。

大塚良一・小野澤昇・田中利則編著『子どもの生活を支える社会福祉』ミネルヴァ書房，2015年。

朴光駿『社会福祉の思想と歴史──魔女裁判から福失火の選択まで』ミネルヴァ書房，2004年。

井村圭壯・藤原正範編著『日本社会福祉史』勁草出版，2007年。

松村祥子編著『欧米の社会福祉の歴史と展望』放送大学教育振興会，2011年。

厚生労働省「『社会的な援護を要する人々に対する社会福祉のあり方に関する検討会』報告書」2000年（https://www.mhlw.go.jp/www1/shingi/s0012/s1208-2_16.html，2023年10月25日アクセス）。

安原みどり『山室機恵子の生涯　花巻が育んだ救世軍の母──宮沢賢治に通底する生き方』銀の鈴社，2015年。

木下茂幸（前田信一監修）『児童養護とは何か』明石書店，2007年。

厚生労働省子ども家庭局長「『乳児院・児童養護施設の高機能化及び多機能化・機能転換，小規模かつ地域分散化の進め方』について」子発0706第3号，平成30年7月6日。

厚生労働省子ども家庭局長「『都道府県社会的養育推進計画』の策定について」子発0706第1号，平成30年7月6日。

高松誠「ドクター・バーナードホームにおける子どもの親権をめぐる裁判事例の研究──ハリー・ゴセージケースを手がかりとして」『日本社会福祉学会第60回秋季大会発表論集』2012年，281-282頁。

田中和男「ヤヌシュ・コルチャック」室田保夫編著『人物で読む西洋社会福祉のあゆみ』ミネルヴァ書房，2013年，169-175頁。

吉田明弘「児童福祉の発展」吉田明弘編著『児童福祉論──児童の平和的存在権を基点として　改訂版』八千代出版，2014年，39-58頁。

野島正剛「社会福祉の歴史的変遷」大塚良一・小野澤昇・田中利則編著『子どもの生活を支える社会福祉』2015年，39-58頁。

📖 さらに学びたい人のために

津崎哲雄『英国の社会的養護の歴史──子どもの最善の利益を保障する理念・施策の現代化のために』明石書店，2013年。

　　──イギリスの社会的養護が歩んできた道を丁寧に解説しています。各章には「本章を読むために」が設けられているために，厚い本ですが読みやすい

　　書籍です。

室田保夫『人物でよむ近代日本社会福祉のあゆみ』ミネルヴァ書房，2006年。

　　——社会的養護のみならず，広く近代日本社会福祉が歩んだ道について人物を
　　　通しながら説明しています。日本の社会的養護は先人たちの苦労の上につ
　　　くられたことが理解できる書籍です。

糸賀一雄『福祉の思想』NHK ブックス，1968年。

　　——障害者福祉だけではなく，広く社会的養護，社会福祉に繋がる糸賀一雄の
　　　思いが示されています。糸賀が著した50年前と現代，何が変わり，何が変
　　　わらなかったのか，注目しながら読んでほしい一冊です。

社会的養護に関する主な年譜

年　代		児童福祉関連の動き		その他，主な社会の動き
593	推古元	聖徳太子が四天王寺を建立する		
1555	弘治元	アルメイダ来日　大分に育児院　開設	1601	（イギリス）「エリザベス救貧法」制定
1687	貞享4	捨子養育の制　設置	1732	享保の大飢饉
1767	明和4	農民の嬰児圧殺の禁止　制定	1783	天明の大飢饉
1802	享和2	江戸町会所　七分積金による窮民救助開始	1833	天保の大飢饉
1868	明治元	堕胎禁止令　制定		
1869	同2	松方正義近代日本最初の孤児院　日田養育館　設立		
1871	同4	棄児養育米給与方　制定	1870	（イギリス）バーナードホーム　設立
1872	同5	人身売買禁止令　制定		
		東京府養育院　設立		
1874	同7	恤救規則		
1883	同16	池上雪枝　不良児童を収容保護	1884	デフレ政策による不景気
1885	同18	高瀬真卿　東京感化院　設立		
1887	同20	石井十次　岡山孤児院　設立		
1890	同23	赤沢鐘美　託児施設　開設		
1891	同24	石井亮一　孤女学院　開設（のちに滝乃川学園）		
1897	同30	片山潜　キングスレー館　設立		
1899	同32	留岡幸助　東京家庭学校　設立		
1900	同33	感化法　制定	1908	（イギリス）初めての「児童法」制定
		野口幽香，森島美根によって　二葉幼稚園（後の二葉保育園）設立	1909	（アメリカ）第1回児童福祉ホワイトハウス会議（児童福祉白亜館会議）開催
1922	大11	少年法　制定	1914	第一次世界大戦はじまる
		矯正院法　制定	1920	国際連盟　発足
1929	昭4	救護法　公布	1924	児童の権利に関するジュネーブ宣言　国際連盟採択
1933	同8	児童虐待防止法　制定	1929	世界大恐慌はじまる
		少年救護法　制定	1931	満州事変
1937	同12	母子保護法　制定	1935	（アメリカ）「社会保障法」制定
1938	同13	社会事業法　制定	1937	日中戦争はじまる
		三木安正　愛育研究所特別保育室　設置		
1942	同17	妊産婦手帳規定の設置		
		高木憲次　整肢療護園　設立	1942	（イギリス）「ベヴァリッジ報告」公表
1946	同21	日本国憲法　公布	1945	第二次世界大戦終結
		生活保護法（旧）公布		国際連合（以下，国連）発足
		「浮浪児その他の児童保護等の応急措置実施に関する件」通達		
		糸賀一雄　近江学園　設立		
1947	同22	児童福祉法　公布		
1948	同23	国立光明寮（失明者更生施設）設立	1948	世界人権宣言　国連で採択
		「保育要領」（文部省）公表		
		沢田美喜　エリザベス・サンダースホーム（混血児保護施設）設立		
1949	同24	身体障害者福祉法　公布		
1950	同25	生活保護法（新）公布	1950	ホスピタリズム論争はじまる
1951	同26	児童憲章　制定		
		社会福祉事業法　公布（現「社会福祉法」）	1959	児童権利宣言　国連で採択
1960	同35	精神薄弱者福祉法（現　知的障害者福祉法）公布		

1963	同38	老人福祉法 公布			
1965	同40	厚生省「保育所保育指針」通達		1971	精神薄弱者の権利宣言 国連で採択
		母子保健法 公布		1975	障害者の権利宣言 国連で採択
1970	同45	心身障害者対策基本法 公布		1981	国際障害者年
1987	同62	社会福祉士及び介護福祉士法 公布		1989	児童の権利に関する条約 国連で採択
1990	平成2	「児童相談所運営指針」公表		1990	ADA（障害をもつアメリカ国民法）公布
1991	同3	育児休業に関する法律 公布			
1994	同6	エンゼルプラン「今後の子育て支援のための施策の基本方向について」作成		1994	国際家族年
1995	同7	障害者プラン「ノーマライゼーション7か年戦略」策定			
1999	同11	保母から保育士へ呼称変更			
2000	同12	児童虐待の防止等に関する法律 公布			
2001	同13	配偶者からの暴力の防止及び被害者の保護に関する法律 公布			
2002	同14	里親が行う養育に関する最低基準 公表			
2003	同15	少子化対策基本法 公布			
		保育士資格の法定化（国家資格化）			
		次世代育成支援対策推進法 公布			
2004	同16	発達障害者支援法 公布			
2005	同17	障害者自立支援法 公布			
2006	同18	就学前の子供に関する教育・保育等の総合的な提供の推進に関する法律 公布		2006	障害者権利条約 国連で採択
2007	同19	社会的養護体制の充実を図るための方策について			
2008	同20	保育所保育指針（告示化される）			
		児童虐待の防止等に関する法律施行規則 公布		2009	児童の代替的養護に関する指針 国連で採択
2011	同23	「社会的養護の課題と将来像」公表			
		障害者虐待の防止，障害者の養護者に対する支援等に関する法律 公布			
		民法改正「親権停止制度（制限付き）」の創設			
2012	同24	社会的養護関係施設に第三者評価の受審及び結果の公表義務化			
		子ども・子育て支援法 公布			
		障害者の日常生活及び社会生活を総合的に支援するための法律（障害者総合支援法）公布			
		「社会的養護施設運営指針及び里親及びファミリーホーム養育指針について」通知			
2013	同25	子どもの貧困対策の推進に関する法律 公布			
		障害を理由とする差別の解消の推進に関する法律 公布			
2014	同26	障害者の権利に関する条約（略称：障害者権利条約）批准			
2016	同28	民間あっせん機関による養子縁組のあっせんに係る児童の保護等に関する法律 公布			
2017	同29	「新しい社会的養育ビジョン」公表			
		幼保連携型認定こども園教育・保育要領 改訂			
		保育所保育指針 改定			
2018	同30	改正子ども子育て支援法 公布			
2022	令和4	こども基本法 公布			
2023	同5	こども家庭庁 設置			

出所：小野澤昇・田中利則・大塚良一（編著）『子どもの生活を支える　社会的養護』ミネルヴァ書房，2011年などを参考に作成。

<table>
<tr><td>第3章</td><td>社会的養護の基本</td></tr>
</table>

── 本章の概要と到達目標 ──

（1）概　　要

　こども家庭庁は社会的養護について「保護者のない児童，被虐待児など家庭環境上養護を必要とする児童などに対し，公的な責任として，社会的に養護を行う」としており，その対象児童は，約4万2,000人とされています。この社会的養護児童に対しての所管事務が2023年4月1日から厚生労働省からこども家庭庁に移管しています。同時に，子どもの権利に関する基本法が存在していないことから，「こども基本法」が成立しています。なぜ，このような流れになったのか。一つは，少子化問題で，もう一つは「児童の権利に関する条約」に批准したことにより，国際的基準に日本の制度・法律等を適合していく必要が生じたことです。

　本章では，まず，社会的養護の基本を理解し，子どもの人権擁護，児童の権利に関する条約について考察を深めるとともに，2017年，厚生労働省から出された「新しい社会的養育ビジョン」を基に，今後の社会的養護の方向性を考察します。さらに，保育士の守るべき倫理や責務について考えます。また，施設養護だけでなく家庭的養護，家庭養護における保育士の専門性についても考察し，その果たすべき使命について学びます。

（2）到達目標

①　社会的養護の流れについて理解する。

②　「新しい社会的養育ビジョン」の背景について理解をする。

③　保育士の守るべき責務について理解する。

③　家庭養育に関する保育士の専門性について理解する。

── 事前学習 ──

①　児童の権利に関する条約についてまとめておきましょう。

②　児童の代替的養護に関する指針について一読しておきましょう。

③　全国保育士会倫理綱領についてまとめておきましょう。

④　保育士の地域支援について，地元自治体の支援についてまとめておきましょう。

1　子どもの人権擁護と社会的養護

「児童の権利に関する条約」が1989年11月の第44回国連総会で採択され，1990年9月2日に発効しました。日本は1990年9月にこの条約に署名し1994年4月22日に批准し，同年5月22日に発効しています。

「批准」とは，国家がこの条約に同意するということを認めたものであり，内閣がその手続きを行い，国会の承認を経て，天皇がこれを認証するものです。また，これらの手続きを済ませ，条約参加を確定させることを「締結」といいます。日本国憲法では第98条第2項で，「日本国が締結した条約及び確立された国際法規は，これを誠実に遵守することを必要とする」としています。つまり，日本は「児童の権利に関する条約」を誠実に遵守し，その条約自体に記載されている条件を満たすことで，その条約に効力を持たせ発効することができるのです。

さらに，2000年5月に国連で，「武力紛争における児童の関与に関する児童の権利に関する条約の選定議定書」と「児童の売春，児童買春及び児童ポルノに関する児童の権利に関する選定議定書」が採択され，日本は，それぞれ2004年8月2日，2005年1月24日に批准しました。

「児童の権利に関する条約」は前文と54条の条文で構成され，一般的義務として次の4点を挙げています。

① 締約国は，その管轄の下にある児童に対し，児童又はその父母若しくは法定保護者の人種，皮膚の色，性，言語，宗教，政治的意見その他の意見，国民的，種族的若しくは社会的出身，財産，心身障害，出生又は他の地位にかかわらず，いかなる差別もなしにこの条約に定める権利を尊重し，及び確保する（第2条）。

② 児童に関するすべての措置をとるに当たっては，…（中略）…，児童の最善の利益が主として考慮される（第3条第1項）。

③　締約国は，この条約において認められる権利の実現のため，すべての適当な立法措置，行政措置その他の措置を講ずる（後略）（第4条）。

④　締約国は，児童がこの条約において認められる権利を行使するに当たり，父母若しくは場合により地方の慣習により定められている大家族若しくは共同体の構成員，法定保護者又は児童について法的に責任を有する他の者がその児童の発達しつつある能力に適合する方法で適当な指示及び指導を与える責任，権利及び義務を尊重する（第5条）。

この一般的義務の，第3条第1項の「児童に関するすべての措置をとるに当たっては，…（中略）…児童の最善の利益が主として考慮される」との項目に関しては，児童福祉法にも大きな影響を与えています。

では，「児童の権利に関する条約」の中で，「社会的養護」はどのように規定されているのでしょうか。同条約第20条に，次の3点を挙げています。

1　一時的若しくは恒久的にその家庭環境を奪われた児童又は児童自身の最善の利益にかんがみその家庭環境にとどまることが認められない児童は，国が与える特別の保護及び援助を受ける権利を有する。

2　締約国は，自国の国内法に従い，1の児童のための代替的な監護を確保する。

3　2の監護には，特に，里親委託，イスラム法のカファーラ，養子縁組又は必要な場合には児童の監護のための適当な施設への収容を含むことができる。解決策の検討に当たっては，児童の養育において継続性が望ましいこと並びに児童の種族的，宗教的，文化的及び言語的な背景について，十分な考慮を払うものとする。

このイスラム法のカファーラ（Kafala）とは，立場の弱い人（児童とは限らない）を支援し，保護する仕組みのことで，子どもに対しては日本の養子縁組のような制度をとることをいいます。この中で，代替的な監護として「里親委託，

表3-1　児童の代替的養護に関する指針

　この指針は，2009（平成21）年12月，第65回国連全体会議で決議され，「事務総長に対し，既存の資源の範囲内で，同指針を全ての加盟国，地方委員会及び関連する政府間組織及び非政府組織へ伝達することも含めて，同指針を国連の全ての公用語にて広く配布するための措置を取ることを要請する」としています。

　その基本としては「家族は社会の基本的集団であると同時に，児童の成長，福祉及び保護にとって自然な環境であるため，第一に，児童が両親（又は場合に応じてその他の近親者）の養護下で生活できるようにし，又はかかる養護下に戻れるようにすることを目指して活動すべきである。国は，家族がその養護機能に対する様々な形態の支援を受けられるよう保障すべきである」としています。

　また，児童の最善の利益とは何かという判断は，親による養護を奪われ又は奪われる危険にさらされている児童のため，そのニーズ及び権利を充足するのに最も適した行動指針を特定することを目的に行われるべきである，としています。かかる行動指針は，判断の時点における，また長期的に見た，その児童の家族環境，社会環境及び文化環境におけるその児童の権利の完全な個人的発展並びに権利主体としてのその児童の地位を考慮に入れた上で，特定されるべきである，としています。判断過程において，年齢及び成熟度に応じて児童が権利を求められ，かつ児童の意見が考慮される権利にとりわけ配慮すべきである，とされています。

　さらに，代替的養護に関する全ての決定は，家族との接触及び家族への復帰の可能性を促進し，児童の教育，文化及び社会生活の断絶を最小限にとどめるため，原則として児童の通常の居住地のできるだけ近くで養護を行うのが望ましいという点を，十分に考慮すべきであるとし，児童を家族の養護から離脱させることは最終手段とみなされるべきであり，可能であれば一時的な措置であるべきであり，できる限り短期間であるべきである，としています。また，非公式の養護を含め，代替的養護を受けている児童に関する決定は，安定した家庭を児童に保障すること，及び養護者に対する安全かつ継続的な愛着心という児童の基本的なニーズを満たすことの重要性を十分に尊重すべきであり，一般的に永続性が主要な目標となるとしています。

　施設養護と家庭を基本とする養護とが相互に補完しつつ児童のニーズを満たしていることを認識しつつも，大規模な施設養護が残存する現状において，かかる施設の進歩的な廃止を視野に入れた，明確な目標及び目的を持つ全体的な脱施設化方針に照らした上で，代替策は発展すべきである，としています。かかる目的のため各国は，個別的な少人数での養護など，児童に役立つ養護の質及び条件を保障するための養護基準を策定すべきであり，かかる基準に照らして既存の施設を評価すべきである，としています。

出所：厚生労働省 HP（厚生労働省雇用均等・児童家庭局家庭福祉課仮訳「児童の代替的養護に関する指針」）から一部引用。下線筆者。

イスラム法のカファーラ，養子縁組又は必要な場合には児童の監護のための適当な施設への収容」として，里親委託を先に示し，必要な場合にはという条件を付けて施設への収容を含むことができるとしています。

　さらに，「社会的養護」の関係では，2009年12月に「児童の代替的養護に関する指針」が提示され，すべての加盟国に対して，児童の代替的養護に関する方向性が示されました（表3-1）。

　この指針では，第1に，児童が両親（又は場合に応じてその他の近親者）の養

表3-2　改正児童福祉法

改正前	改正後
第1条　すべて国民は，児童が心身ともに健やかに生まれ，且つ，育成されるよう努めなければならない。 ②　すべて児童は，ひとしくその生活を保障され，愛護されなければならない。 第2条　国及び地方公共団体は，児童の保護者とともに，児童を心身ともに健やかに育成する責任を負う。	第1条　全て児童は，児童の権利に関する条約の精神にのつとり，適切に養育されること，その生活を保障されること，愛され，保護されること，その心身の健やかな成長及び発達並びにその自立が図られることその他の福祉を等しく保障される権利を有する。 第2条　全て国民は，児童が良好な環境において生まれ，かつ，社会のあらゆる分野において，児童の年齢及び発達の程度に応じて，その意見が尊重され，その最善の利益が優先して考慮され，心身ともに健やかに育成されるよう努めなければならない。 ②　児童の保護者は，児童を心身ともに健やかに育成することについて第一義的責任を負う。 ③　国及び地方公共団体は，児童の保護者とともに，児童を心身ともに健やかに育成する責任を負う。

出所：2016（平成28）年6月3日「児童福祉法の一部を改正する法律」から作成。下線筆者。

護下で生活できるようにし，又はかかる養護下に戻れるようにすることを目指して活動すべきであるとしています。また，安定した家庭を児童に保障すること，及び養護者に対する安全かつ継続的な愛着心という児童の基本的なニーズを満たすことの重要性を十分に尊重すべきであり，一般的に永続性が主要な目標となるとしています。つまり，施設養護から里親への転換ではなく，家庭調整による家庭機能の回復と，新たなる家庭を創ることを要請しているのです。なお，この永続性に対して日本では特別養子縁組制度を設けて，養子縁組の相談・支援とともにその推進に取り組んでいます。

　このような状況下で，2016年6月3日に「児童福祉法の一部を改正する法律」が公布され，児童福祉法の基本理念である第1条と第2条が改正されました。その中で，表3-2のとおり，第1条では，「児童の権利に関する条約にのつとり」と条約の精神に基づくことを示し，第2条では児童の権利に関する条約第3条の「児童の最善の利益の考慮」を明記しています。さらに，児童の権利に関する条約第18条に「締約国は，児童の養育及び発達について父母が共同

の責任を有するという原則についての認識を確保するために最善の努力を払う。父母又は場合により法定保護者は，児童の養育及び発達についての第一義的な責任を有する。児童の最善の利益は，これらのものの基本的な関心事項となるものとする」としており，児童福祉法第2条第2項でも同様のことが明記されました。

　また，養子縁組に関する相談・支援について，「都道府県（児童相談所）の業務として位置づけ（現：児童福祉法第11条チ），特別養子縁組制度の利用促進のあり方について検討を加え，その結果に基づいて必要な措置を講ずるものとする」としました。

　これにより，特別養子縁組については，民法改正により2020年4月1日から，養子となる者の年齢の上限を6歳未満から原則15歳未満に引き上げる改正が行われています（第817条の5）。さらに，「児童相談所長は，児童に係る特別養子適格の確認の審判事件（家事事件手続法第3条の5に規定する特別養子適格の確認の審判事件をいう。）の手続に参加することができる」（現：児童福祉法第33条6の3）と改正されました。

　しかし，「児童の最善の利益の考慮」が児童福祉法に反映するまでに，児童の権利に関する条約に批准してから20年以上という歳月がかかっています。

　この永続的解決（パーマネンシー保障）の考えは，児童福祉法にも反映されています。2016年6月3日に「児童福祉法の一部を改正する法律」にて，児童福祉法第3条の2は「国及び地方公共団体は，児童が家庭において心身ともに健やかに養育されるよう，児童の保護者を支援しなければならない。ただし，児童及びその保護者の心身の状況，これらの者の置かれている環境その他の状況を勘案し，児童を家庭において養育することが困難であり又は適当でない場合にあつては児童が家庭における養育環境と同様の養育環境において継続的に養育されるよう，児童を家庭及び当該養育環境において養育することが適当でない場合にあつては児童ができる限り良好な家庭的環境において養育されるよう，必要な措置を講じなければならない」と改正され，児童が家庭環境と同様な養育関係において継続的に養育されることを提示しています。

　さらに，「児童福祉法等の一部を改正する法律の公布について」（厚生労働省雇用均等・児童家庭局長通知，2016年6月3日付）で，児童福祉法第3条の2の「家庭」とは，実父母や親族等を養育者とする環境を，「家庭における養育環境と同様の養育環境」とは，養子縁組による家庭，里親家庭，ファミリーホーム（小規模住居型児童養育事業）を，「良好な家庭的環境」とは，施設のうち小規模で家庭に近い環境（小規模グループケアやグループホーム等）を指すと具体的に明記しています。

　また，2011年に厚生労働省から通知された「里親委託ガイドラインについて」では「里親委託優先の原則」を明記しました。この原則には「家族は，社会の基本的集団であり，家族を基本とした家庭は子どもの成長，福祉及び保護にとって自然な環境である。このため，保護者による養育が不十分又は養育を受けることが望めない社会的養護のすべての子どもの代替的養護は，家庭的養護が望ましく，里親委託を優先して検討することを原則とするべきである。特に，乳幼児は安定した家族の関係の中で，愛着関係の基礎を作る時期であり，子どもが安心できる，温かく安定した家庭で養育されることが大切である」とし，代替的養護は家庭養護が望ましいとしました。さらに，2017年の改正では見出しを「里親委託優先の原則」から「里親委託の原則」とし，「保護者による養育が不十分又は養育を受けることが望めない社会的養護のすべての子どもの代替的養護は，家庭養護が望ましく，養子縁組里親を含む里親委託を原則として検討する。特に，乳幼児は安定した家族の関係の中で，愛着関係の基礎を作る時期であり，子どもが安心できる，温かく安定した家庭で養育されることが大切である」としています。

　これらをさらに加速する動きとなったのが，厚生労働省の「新しい社会的養育ビジョン」（2017年8月2日）でした。これは，施設で生活している社会的養護の子どもが多いという点を改善するために出されたものです。2021年度末の段階で，里親等で生活している子どもは23.5%，施設で生活している子どもは76.5%になっています。

　この「新しい社会的養育ビジョン」は，①市区町村を中心とした支援体制の

構築，②児童相談所の機能強化と一時保護改革，③代替養育における「家庭と
同様の養育環境」原則に関して乳幼児から段階を追っての徹底，家庭養育が困
難な子どもへの施設養育の小規模化・地域分散化・高機能化，④永続的解決
（パーマネンシー保障）の徹底，⑤代替養育や集中的在宅ケアを受けた子どもの
自立支援の徹底などをはじめとする改革項目について，速やかに2017年度から
着手し，目標年限を目指し計画的に進める，これらは子どもの権利保障のため
に最大限のスピードをもって実現する必要があり，その工程において，子ども
が不利益を被ることがないよう，十分な配慮を行う，というものです。

2　社会的養護の基本原則

　前述のように，2016年の「児童福祉法の一部を改正する法律」により，「家
庭養育優先の原則」が社会的養護の主流になっています。ここでは，家庭的養
育とは何かについて整理し，社会的養護の基本原則について学びたいと思いま
す。

　厚生労働省から通知されている「里親委託ガイドラインについて」では，里
親委託の意義として，「子どもを養育者の家庭に迎え入れて養育を行う家庭養
護である特別養子縁組を含む養子縁組や里親委託を，原則として取り組んでい
かなければならない」としています。また，同ガイドラインでは「児童養護施
設等においても，できる限り良好な家庭的環境における養育を目指して，子ど
もの個別のニーズに応ずることが可能となるような養育単位の小規模化や，地
域社会に存在して，地域社会に子どもも養育者も参加できるような地域化を推
進していくことが必要である」としています。

　なお，表3‒3は現在の社会的養護の支援体制です。社会的養護においては，
原則として，「家庭と同様の養育環境」（里親，ファミリーホーム）を優先すると
ともに，「施設」（児童養護施設，乳児院等）もできる限り「良好な養家庭的環
境」（小規模グループケア，グループホーム）の形態にしていくとしています。

　この流れはすでに，2011年7月，厚生労働省から出された「社会的養護の課

表3-3　社会的養護の支援体制（里親，施設等）

里　　親		家庭における養育を里親に委託			ファミリーホーム養育者の住居において家庭養護を行う（定員5〜6名）	
		登録里親数	委託里親数	委託児童数		
		15,607世帯	4,844世帯	6,080人		
区分（里親は重複登録有り）	養育里親	12,934世帯	3,888世帯	4,709人	ホーム数	446か所
	専門里親	728世帯	168世帯	204人		
	養子縁組里親	6,291世帯	314世帯	348人	委託児童数	1,718人
	親族里親	631世帯	569世帯	819人		

施　設	乳児院	児童養護施設	児童心理治療施設	児童自立支援施設	母子生活支援施設	自立援助ホーム
対象児童	乳児（特に必要な場合は，幼児を含む）	保護者のない児童虐待されている児童その他環境上養護を要する児童（特に必要な場合は，乳児を含む）	家庭環境，学校における交友関係その他の環境上の理由により社会生活への適応が困難となった児童	不良行為をなし，又はなすおそれのある児童及び家庭環境その他の環境上の理由により生活指導等を要する児童	配偶者のない女子又はこれに準ずる事情にある女子及びその者の監護すべき児童	義務教育を終了した児童であって，児童養護施設等を退所した児童等
施設数	145か所	610か所	53か所	58か所	215か所	229か所
定　員	3,827人	30,140人	2,016人	3,340人	4,441世帯	1,575人
現　員	2,351人	23,008人	1,343人	1,162人	3,135世帯児童5,293人	818人
職員総数	5,555人	20,639人	1,522人	1,839人	2,073人	874人

小規模グループケア	2,197か所
地域小規模児童養護施設	527か所

資料：里親数，FHホーム数，委託児童数，乳児院・児童養護施設・児童心理治療施設・母子生活支援施設の施設数・定員・現員は福祉行政報告例（令和4年3月末現在），児童自立支援施設・自立援助ホームの施設数・定員・現員，小規模グループケア，地域小規模児童養護施設のか所数は家庭福祉課調べ（令和3年10月1日現在），職員数（自立援助ホームを除く）は，社会福祉施設等調査報告（令和3年10月1日現在），自立援助ホームの定員，現員（令和4年3月31日現在）及び職員数（令和3年10月1日現在）は家庭福祉課調べ，児童自立支援施設は，国立2施設を含む。

出所：こども家庭庁「社会的養育の推進に向けて」2023年（https://www.cfa.go.jp/assets/contents/node/basic_page/field_ref_resources/8aba23f3-abb8-4f95-8202-f0fd487fbe16/e979bd1e/20230401_policies_shakaiteki-yougo_67.pdf，2023年6月30日アクセス）から筆者作成。

題と将来像」からもうかがうことができます。この中に，社会的養護の基本的
方向として，①家庭的養護の推進，②専門的ケアの充実，③自立支援の充実，
④家族支援，地域支援の充実の4つを挙げています。さらに，家庭養護推進の
中で，「社会的養護においては，原則として，家庭的養護（里親，ファミリーホ
ーム）を優先するとともに，施設養護（児童養護施設，乳児院等）もできる限り
家庭的な養育環境（小規模グループケア，グループホーム）の形態に変えていく必
要がある」としています。

　表3-4の「社会的養護の課題と将来像」と「新しい社会的養育ビジョン」
のとおり，「社会的養護の課題と将来像」では，「日本の社会的養護は，現在，
9割が乳児院や児童養護施設で，1割が里親やファミリーホームであるが，こ
れを，今後，10数年をかけて，(a)概ね3分の1が，里親及びファミリーホーム，
(b)概ね3分の1が，グループホーム，(c)概ね3分の1が，本体施設（児童養護
施設は全て小規模ケア）という姿に変えていく」との提示がなされていました。
また，「児童養護施設の在籍期間は10年以上が10.9％，5年以上が38.8％であ
るが，児童養護施設の本体施設での長期入所を無くす必要がある。児童養護施
設に入所した子どもについて，本体施設からグループホームへ，そしてファミ
リーホームや里親へ，支援を継続しながら家庭的な養護を行える体制に，全て
の施設を変革していく」との方向性を示しています。

　さらに，「新しい社会的養育ビジョン」では，永続的解決（パーマネンシー保
障）を全面的に打ち出し，特別養子縁組の制度を社会的養護の範疇に入れ，現
状の約2倍である年間1,000人以上の特別養子縁組成立を目指し，その後も増
加を図っていくとしています。また，表3-5のとおり，里親委託率等につい
ても3歳未満児については，5年以内に75％以上の委託率にしていくという方
向性を示しています。なぜ，このような数値が出されているのでしょうか。こ
の「新しい社会的養育ビジョン」の流れは，社会的養護の子どもへの国際的な
支援体制に合わせているものであると考察できます。さらに，この流れは今後
ますます早くなってくると推測されます。特に，里親への包括的支援体制（フ
ォスタリング機関）や家庭調整の機能については検討の課題が残りますが，社会

表 3 - 4　「社会的養護の課題と将来像」と「新しい社会的養育ビジョン」

社会的養護の課題と将来像（2011年 3 月）	新しい社会的養育ビジョン（2017年 8 月）
【当時の現状】 9 割が乳児院や児童養護施設で，1 割が里親やファミリーホーム。	【当時の現状】 里親等で生活している子どもは16%，施設で生活している子どもは84%。（2020年 4 月）
【基本的方向】 ・家庭的養護（里親，ファミリーホーム）を優先するとともに，施設養護（児童養護施設，乳児院等）も，できる限り家庭的な養育環境（小規模グループケア，グループホーム）の形態に変えていく。 ・家庭で家族と同様な養育をする里親やファミリーホームを，家庭的養護と呼ぶ。 ・施設養護から家庭的養護への移行のほか，当面，施設養護もできる限り家庭的な養育環境の形態に変えていく。	【基本的方向】 ・家庭養育優先原則（改正児童福祉法） ①家庭復帰に向けた努力を最大限行う。 ②親族・知人による養育（親族里親，親族・知人による養育里親，里親制度に基づかない親族・知人による養育，親族・知人による養子縁組）が検討する。 ③特別養子縁組。 ④普通養子縁組。 ⑤長期里親・ファミリーホーム。 ⑥施設養護が検討される。 ※　明確な優先順位を示す。 ※　代替的養育は短期入所を原則。
【工程で示された目標年限の例】 ・今後，十数年をかけて， (a)概ね 3 分の 1 が，里親及びファミリーホーム (b)概ね 3 分の 1 が，グループホーム (c)概ね 3 分の 1 が，本体施設（児童養護施設は全て小規模ケア）という姿に変えていく。 ・現在，児童養護施設の在籍期間は10年以上が10.9%，5 年以上が38.8%であるが，児童養護施設の本体施設での長期入所を無くす必要がある。児童養護施設に入所した子どもについて，本体施設からグループホームへ，そしてファミリーホームや里親へ，支援を継続しながら家庭的な養護を行える体制に，全ての施設を変革していく。	【工程で示された目標年限の例】 ・特に就学前の子どもは，家庭養育原則を実現するため，原則として施設への新規措置入所を停止。 　このため，遅くとも平成32年度までに全国で行われるフォスタリング機関事業の整備を確実に完了する。 ・愛着形成に最も重要な時期である 3 歳未満については概ね 5 年以内に，それ以外の就学前の子どもについては概ね 7 年以内に里親委託率75%以上を実現し，学童期以降は概ね10年以内を目途に里親委託率50%以上を実現する（平成27年度末の里親委託率（全年齢）17.5%）。 ・施設での滞在期間は，原則として乳幼児は数か月以内，学童期以降は 1 年以内（特別なケアが必要な学童期以降の子どもであっても 3 年以内を原則とする）。 ・概ね 5 年以内に，現状の約 2 倍である年間1,000人以上の特別養子縁組成立を目指し，その後も増加を図る。

出所：厚生労働省 HP「社会的養護の課題と将来像」（https://www.mhlw.go.jp/stf/shingi/2r9852000001j8zz-att/2r9852000001j91g.pdf）こども家庭庁「新しい社会的養育ビジョン」（https://www.mhlw.go.jp/file/05-Shingikai-11901000-Koyoukintoujidoukateikyoku-Soumuka/0000173888.pdf）から筆者作成。

表3-5　新しい養育ビジョンの数値目標

項　　目	数値目標
特別養子縁組	概ね5年以内に，現状の約2倍である年間1,000人以上の特別養子縁組成立を目指し，その後も増加を図っていく。
乳幼児の家庭養育原則	特に就学前の子どもは，家庭養育原則を実現するため，原則として施設への新規措置入所を停止する。このため，遅くとも平成32年度までに全国で行われるフォスタリング機関事業の整備を確実に完了する。
里親委託率	3歳未満5年以内⇒75％以上。 それ以外の就学前の子どもについて⇒概ね7年以内に75％。 学童期以降は概ね10年以内⇒50％以上。
施設の抜本改革	概ね10年以内を目途に，小規模化（最大6人）・地域分散化，常時2人以上の職員配置を実現し，更に高度のケアニーズに対しては，迅速な専門職対応ができる高機能化を行い，生活単位は更に小規模（最大4人）となる職員配置を行う。
ケア・リーバー実態把握	平成30年度までにケア・リーバー（社会的養護経験者）の実態把握を行うとともに，自立支援ガイドラインを作成し，概ね5年以内に，里親等の代替養育機関，アフターケア機関の自立支援の機能を強化するとともに，措置を行った自治体の責任を明確化し，包括的な制度的枠組み（例えば，自治体による自立支援計画の策定などを構築する。
虐待関連統計の整備	虐待関連統計の整備を概ね5年以内に行い，長期の成果を判断したり，情報を共有するためのデータベースの構築も概ね5年以内に行う。また，子どもの死を無駄にせず，検証して，防げる死から子どもを守る制度や技術の向上を目指し，Child Death Review の制度を概ね5年以内に確立する。

出所：こども家庭庁「新しい社会的養育ビジョン」（https://www.mhlw.go.jp/file/05-Shingikai-11901000-Koyoukintoujidoukateikyoku-Soumuka/0000173888.pdf）から筆者作成。

的養護の子ども支援についての制度・政策の展開点に来ていると考えられます。これらの動きを受けて，政府は2023年4月1日にこども基本法を施行し，同時に総理大臣直属の機関として内閣府の外局にこども家庭庁を位置づけ，各省庁への勧告権などを持つ内閣府特命担当大臣を設置し，その役割を付与しています。社会的養護の子ども支援も含め，こども家庭庁が所管になっています。

　日本は児童の権利に関する条約に批准してから，30年以上の歳月をかけているのにもかかわらず，子どもの人権に対する考え方が，いまだに子どもを支援・保護の対象にしており，権利の主体として「子ども像」の確立がなされていません。

　この権利の主体としての子ども像の確立を急ぐとともに，「児童の権利に関

利用者（保護者・児童）が主体となる専門的技術

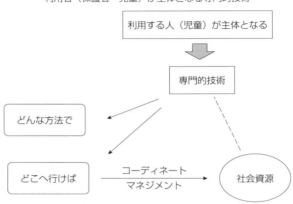

図3-1　ニーズに応じた専門的技術の体型
出所：筆者作成。

する条約」に批准したにもかかわらず，社会的養護の子ども達への支援が，施設養護中心で進められ，永続的解決（パーマネンシー保障）がなされないまま社会に出されている子ども達の現状があります。多くのケアリーバーの実態を早急に把握し，何らかの対応策を考える段階に来ています。

3　社会的養護における保育士の倫理と責務

（1）ニーズに応じた専門的技術と倫理綱領

　今後，子育て支援の中心になるのが保育士だと考えられます。保育所保育指針では「子育て支援に関して留意すべき事項」として，①保護者に対する子育て支援における地域の関係機関等との連携及び協働を図り，保育所全体の体制構築に努めること，②子どもの利益に反しない限りにおいて，保護者や子どものプライバシーを保護し，知り得た事柄の秘密を保持すること，としています。

　また，「保護者の状況に配慮した個別の支援」として，①保護者の就労と子育ての両立等を支援するため，保護者の多様化した保育の需要に応じ，病児保育事業など多様な事業を実施する場合には，保護者の状況に配慮するとともに，

子どもの福祉が尊重されるよう努め，子どもの生活の連続性を考慮すること，
②子どもに障害や発達上の課題が見られる場合には，市町村や関係機関と連携
及び協力を図りつつ，保護者に対する個別の支援を行うよう努めること，③外
国籍家庭など，特別な配慮を必要とする家庭の場合には，状況等に応じて個別
の支援を行うよう努めること，としています。

　保護者の多様化するニーズに対して保育所もその社会的資源の一つとして，
他の支援機関と連携して取り組めるようにし，障害や発達上の課題，外国籍家
庭などへの個別対応を基本とした支援が求められるとともに，守秘義務等の倫
理規定遵守が大切になってきます（図3-1）。

　まず，表3-6の綱領は，2003年2月に保育士資格が国家資格になるのを機
に全国保育士会で採択されました。これは，事前に追加された児童福祉法の保
育士に関する，「保育士は，保育士の信用を傷つけるような行為をしてはなら
ない」（児童福祉法第18条の21），「正当な理由がなく，その業務に関して知り得
た人の秘密を漏らしてはならない。保育士でなくなつた後においても，同様と
する」（同法第18条の22）を受けてのものです。

　さらに同法第18条の19第2項で，「都道府県知事は，保育士が第18条の21又
は第18条の22の規定に違反したときは，その登録を取り消し，又は期間を定め
て保育士の名称の使用の停止を命ずることができる」としています。つまり，
信用失墜の行為，秘密保持には，登録抹消等の罰則規定があるということです。

　今，この保育士の倫理が，大きく問われています。その発端となったのが，
2022年11月に発覚した，虐待といえる不適切な保育内容に関する報道です。保
育所も含め社会福祉の現場は，ある意味，閉ざされた場所にあり，利用される
方は弱い立場にある方です。

　そのため，資格を持った職員が対応しています。この資格は，これを持って
働く一人ひとりが育てていくものす。保育士という資格を育てるためには，
「全国保育士会倫理綱領」を遵守することの大切さを改めて考えることです。

　この「綱領」の中でも，「プライバシーの保護」では「保育を通して知り得
た個人の情報や秘密を守ります」として，「専門職としての責務」では，「自ら

表3-6　全国保育士会倫理綱領

全国保育士会倫理綱領

　すべての子どもは，豊かな愛情のなかで心身ともに健やかに育てられ，自ら伸びていく無限の可能性を持っています。
　私たちは，子どもが現在（いま）を幸せに生活し，未来（あす）を生きる力を育てる保育の仕事に誇りと責任をもって，自らの人間性と専門性の向上に努め，一人ひとりの子どもを心から尊重し，次のことを行います。
　　　　　　　　・私たちは，子どもの育ちを支えます。
　　　　　　　　・私たちは，保護者の子育てを支えます。
　　　　　　　　・私たちは，子どもと子育てにやさしい社会をつくります。
1　子どもの最善の利益の尊重
　私たちは，一人ひとりの子どもの最善の利益を第一に考え，保育を通してその福祉を積極的に増進するよう努めます。
2　子どもの発達保障
　私たちは，養護と教育が一体となった保育を通して，一人ひとりの子どもが心身ともに健康，安全で情緒の安定した生活ができる環境を用意し，生きる喜びと力を育むことを基本として，その健やかな育ちを支えます。
3　保護者との協力
　私たちは，子どもと保護者のおかれた状況や意向を受けとめ，保護者とより良い協力関係を築きながら，子どもの育ちや子育てを支えます。
4　プライバシーの保護
　私たちは，一人ひとりのプライバシーを保護するため，保育を通して知り得た個人の情報や秘密を守ります。
5　チームワークと自己評価
　私たちは，職場におけるチームワークや，関係する他の専門機関との連携を大切にします。また，自らの行う保育について，常に子どもの視点に立って自己評価を行い，保育の質の向上を図ります。
6　利用者の代弁
　私たちは，日々の保育や子育て支援の活動を通して子どものニーズを受けとめ，子どもの立場に立ってそれを代弁します。また，子育てをしているすべての保護者のニーズを受けとめ，それを代弁していくことも重要な役割と考え，行動します。
7　地域の子育て支援
　私たちは，地域の人々や関係機関とともに子育てを支援し，そのネットワークにより，地域で子どもを育てる環境づくりに努めます。
8　専門職としての責務
　私たちは，研修や自己研鑽を通して，常に自らの人間性と専門性の向上に努め，専門職としての責務を果たします。

社会福祉法人　全国社会福祉協議会
全国保育協議会
全国保育士会
（平成15年2月26日　平成14年度第2回全国保育士会委員総会採択）

出所：全国保育士会HP「全国保育士会倫理綱領」（https://www.z-hoikushikai.com/about/kouryou/index.html，2022年8月7日アクセス）。

表3-7　児童福祉法で定められている児童福祉施設

助産施設，乳児院，母子生活支援施設，保育所，幼保連携型認定こども園，児童厚生施設，児童養護施設，障害児入所施設，児童発達支援センター，児童心理治療施設，児童自立支援施設，児童家庭支援センター，里親支援センター（2023年4月1日から）。

注：下線は入所型施設，児童心理治療施設は通所型も含まれています。
出所：児童福祉法第7条から筆者作成。

の人間性と専門性の向上に努め，専門職としての責務を果たします」としています。保育士の専門性を向上させていくためには，自己研鑽が必要となります。

（2）社会的養護と自立支援

　次に，社会的養護における保育士の役割をみていきます。

　まず，「新しい社会的養育ビジョン」は，子どもにとって最善の場所は「家庭」であるとの考え方を示しています。これは，児童福祉施設への措置入所に偏っていた日本の社会的養護の方向性を再検討することでもあります。このような「再検討」を考える背景の一つには，児童虐待の増加により，「心のケア」を必要とする児童の増加が挙げられます。心のケアは大きな集団による対応には限界があり，できるだけ集団の単位を少なくするか，里親等の家庭支援に方向を切り替えるよう明示しています。

　現在，児童福祉法で定められている児童福祉施設は13種類で表3-7の通りです。この中で，助産施設を除くすべての施設で保育士が働いています。

　また，「入所型」と呼ばれる児童福祉施設はその役割を大きく転換することが求められています。従来これらの児童福祉施設は，その運営指針の中で，基本原理として次の6つを提示しています。①家庭的養護と個別化，②発達の保障と自立支援，③回復を目指した支援，④家族との連携協働，⑤継続的支援と連携アプローチ，⑥ライフサイクルを見通した支援です。また，児童養護施設運営指針では「発達の保障と自立支援」について，表3-8のように規定しています。

　前述のように，社会的養護の子ども達への支援は「施設養護」から「家庭と同様の養育環境」に大きく転換されつつあります。しかし，社会的養護の現状

表3‐8　児童養護施設運営指針における「発達の保障と自立支援」

・子ども期のすべては，その年齢に応じた発達の課題を持ち，その後の成人期の人生に向けた準備の期間でもある。社会的養護は，未来の人生を作り出す基礎となるよう，子ども期の健全な心身の発達の保障を目指して行われる。
・特に，人生の基礎となる乳幼児期では，愛着関係や基本的な信頼関係の形成が重要である。子どもは，愛着関係や基本的な信頼関係を基盤にして，自分や他者の存在を受け入れていくことができるようになる。自立に向けた生きる力の獲得も，健やかな身体的，精神的及び社会的発達も，こうした基盤があって可能となる。
・子どもの自立や自己実現を目指して，子どもの主体的な活動を大切にするとともに，様々な生活体験などを通して，自立した社会生活に必要な基礎的な力を形成していくことが必要である。

出所：厚生労働省雇用均等・児童家庭局長通知「児童養護施設運営指針」（2012年3月29日付）から抜粋。下線筆者。

として，虐待やいじめなどの心の問題を抱えている子どもが多くなっているのも事実です。児童養護施設では，このような問題に対する対策として，心理職員による心理的ケアを行っています。児童養護施設運営指針でも，「心理的な支援を必要とする子どもは，自立支援計画に基づきその解決に向けた心理支援プログラムを策定する」とし，「施設における他の専門職種との多職種連携を強化するなどにより，心理的支援に施設全体で有効に取り組み」など治療的な援助の方法について施設内で研修を実施する」としています。

　今後，地域福祉の流れの中で，施設という集団で対処してきたものが，家庭（里親・養子縁組）というより小さい単位になり，専門的支援をどう構築していくかが課題でもあります。

　さらに，このような子どもたちへの支援について，保育士が専門的な立場で，各専門職と対応し，保育等の支援の幅を広げることができるよう願っています。

┌─事後学習─
│① 保育実習Ⅰ（施設実習）施設実習に行く施設についてまとめ，「新しい社会的養育ビジョン」の考え方がどう活かされているかをまとめましょう。
│② 保育所において，子どもが主体となる支援とはどのようなものかを話し合いましょう。
│③ 全国保育士会倫理綱領を基に，不適切な支援について考えましょう。

参考文献

小野澤昇・田中利則・大塚良一編著『社会的養護』ミネルヴァ書房　2017年。

外務省HP「児童の権利に関する条約」全文（2023年6月30日アクセス）。

厚生労働省雇用均等・児童家庭局家庭福祉課仮訳「児童の代替的養護に関する指針」（2023年6月30日アクセス）。

厚生労働省HP「新しい社会的養育ビジョン」セット版（2023年6月30日アクセス）。

こども家庭庁「社会的養護」「社会的養育の推進に向けて」2023年（2023年6月30日アクセス）。

畠山由佳子「アメリカにおける里親養育ケースマネジメントの実際（2014）」（2023年6月30日アクセス）。

📖 さらに学びたい人のために

NHK取材班『なぜ，わが子を捨てるのか——「赤ちゃんポスト」10年の真実』2018年，NHK出版。

　——社会的養護は「保護者のない児童，被虐待児など家庭環境上養護を必要とする児童などに対し，公的な責任として，社会的に養護を行う」ことです。そのベースにもなるのが，親が育てられない子どもの出産です。本書は「赤ちゃんポスト」という熊本市にある慈恵病院に預けられた子どもの状況を分析し，どのよう対応が必要なのかを導き出しています。さらに，「もしかしたら，大人たちも，いや，大人たちこそ，救いが必要なのかもしれない」と結んでいます。保育士を目指す学生は，ぜひ，ご一読いただきたいです。

幸重忠孝・村井琢哉『子どもたちとつくる貧困とひとりぼっちのないまち』2013年，かもがわ出版。

　——本書は，京都市にある「山科醍醐こどもひろば」の実践を制度や現況を基に説明したものです。「子どもの貧困ほっとけない人の入門書」とあるように，「こどもひろば」の貧困対策についてわかりやすく説明しています。筆者がこの本に注目したのは，この「こどもひろば」が親子劇場から進展してできたことです。親子劇場は会員の会費で賄われています。しかし，会員の数が少なくなり，そこで公益事業として支援者を募りサービス提供を行うことに変化させています。親子劇場の活動を通して，地域とその子どもたちを理解している組織の強みを，うまく利用しての展開だと思います。

<table>
<tr><td>第4章</td><td>社会的養護の制度と実施体系</td></tr>
</table>

─ 本章の概要と到達目標 ─

（1）概　　要

　人は，誰しも「子ども」時代を経験して大人になっていきます。そして，一人ひ
とりの子どもの成長を支えるのは，保護者をはじめとした家庭（家庭養育）だけで
なく，様々な制度や施設が重要な役割を担っています。本章では，社会的養護実践
を支える制度に焦点を合わせて，個々の施設や事業がどのような法律に基づいて運
用されているのかを理解することを目的としています。また，特に子どもの社会的
養護の中核を担う児童相談所の社会的役割について理解を深めるとともに，個別の
施設や機関との連携の重要性についても理解を深めて下さい。

（2）到達目標

①　社会的養護の法制度に関する知識について理解する。

②　社会的養護の実施機関の概要について理解する。

③　児童相談所の機能について理解する。

─ 事前学習 ─

①　福祉六法を用意しましょう。

②　児童福祉法の各条文を熟読しましょう。

③　「こども家庭庁」のホームページを閲覧しましょう。

1　社会的養護の理念と法律・制度

　子どもの第一義的な養育の責任が保護者に求められることは，洋の東西を問
わず共通の社会事象です。そして，様々な理由によって保護者が養育の責任を
果たせない場合に，篤志家や宗教家らによる児童保護事業が展開されてきたこ
とも共通する社会的事象です。社会的養護という言葉が広く浸透する以前から，

保護者に代わって子どもを養育する社会的機能は存在していました。しかし，そうした活動の重点は個人の美徳や徒弟制度における労働力の陶冶といったことに置かれ，子どもの生存権や養育権の保障を目的としたものではありませんでした。

　一方で，日本における近代以降の国家による貧困児童の救済は，恤救規則（1874年）や，救護法（1929年），児童虐待防止法（1933年）等の法制度によって展開されてきました。しかし，戦前に制定された児童保護法制度においては厳格な救済の制限扶助主義が採用され，子どもの生存権や保護の受給権といった理念が盛り込まれることはありませんでした。児童の生活保障権が明確に盛り込まれたのが，第二次世界大戦後に制定された児童福祉法（1947年）からです。社会的養護の法制度体系を解説するにあたり，最初にその基本的な法制度となる児童福祉法について解説していきたいと思います。

（1）児童福祉法の目的と内容

　児童福祉法は，終戦後に大量に出現した戦争孤児の対策として成立しました。敗戦国として戦後をスタートさせた日本はアメリカを中心とする連合国の占領統治下におかれました。その占領統治を直接に司った組織が，マッカーサーを頂点とする GHQ です。GHQ が日本政府に対して発した代表的な国民救済の指令が SCAPIN775（Public Assistance）で，この指令を軸として「生活保護法」が制定されました。この中で無差別平等や国家責任といった近代救貧制度の基本原則が打ち出されています。「児童福祉法」の総則に国家及び地方公共団体の児童福祉に対する公的責任が明記された背景には，このような社会福祉の近代化をもたらした政策的動向がありました。その後，社会の進展とともに新たに派生して生まれてきた貧困児童問題，児童虐待問題等に対処しながら改正を繰り返し，現代に至っています。

　本書第3章でも示しましたが，児童福祉法第1条には「全て児童は，児童の権利に関する条約の精神にのつとり，適切に養育されること，その生活を保障されること，愛され，保護されること，その心身の健やかな成長及び発達並び

┌─── **コラム5　戦後まもなくの子どもの保育** ───┐

　戦前からの児童福祉（保育）の実践者である浦辺史は，敗戦直後の状況について次のように述べています。⁽¹⁾

　「自分が前に関係していた戦争中の保育問題研究会を復活して，民主保育連盟という組織をつくって保育所づくりをやったわけですね。自宅を開放したり，あるいは工場の社宅など全部で30か所ぐらいの住民主体の民主的保育所ができたでしょうか。そのうちに児童福祉法ができて保育所の認可を非常に狭い施設なのにどうやって受けるかということを，研究したり，保母試験のための講習会をやったり，そういう仕事に関係して終戦直後を過ごしたわけです。一番痛切に感じたのは，町のヤミ市や喫茶店には乳製品が一ぱいあるにもかかわらず，赤ちゃんの母乳が出ず乳製品が必要だというほうに配給が回らないということは深刻な問題でしたね。子どもたちを健康に育てる肝心の母乳が出ないというのは，やっぱり母親が十分な仕事をしていないということですね。」

└────────────────────────┘

にその自立が図られることその他の福祉を等しく保障される権利を有する」と明記され，権利としての児童の発育保障が明確に規定されています。同時に，第2条第1項では「全て国民は，児童が良好な環境において生まれ，かつ，社会のあらゆる分野において，児童の年齢及び発達の程度に応じて，その意見が尊重され，その最善の利益が優先して考慮され，心身ともに健やかに育成されるよう努めなければならない」と明記され，国民の児童に対する発育の努力義務が課せられています。さらに同第2項で児童の保護者に養育の第一義的責任を課し，同第3項で「国及び地方公共団体は，児童の保護者とともに，児童を心身ともに健やかに育成する責任を負う」と明記され，明確に児童の社会的養護の公的責任が記されています。上記条文は「児童の福祉を保障するための原理であり，この原理は，すべて児童に関する法令の施行にあたつて，常に尊重されなければならない」（第3条）と明記されているとおり，児童福祉法の「総則」は子どもの社会的養護に関する法律の施行における基本原理として位置づけられています。

　以上のように，児童の養育の第一義的責任が保護者にあることを前提としつ

つも，保護者に養育能力がない，あるいは保護者が不在の場合に，国及び地方公共団体，さらには国民に対して養育の義務を課しているところに現行の児童福祉法の特徴があります。同法における具体的な養育的機能として，乳児院や児童養護施設といった児童福祉施設（第7条）のほか，里親への委託（第6条の4）といった制度等が整備されています。

（2）児童虐待の防止等に関する法律の目的と内容

　児童福祉法と並んで児童の健全な発育の保障を目的に制定されたのが，児童虐待の防止等に関する法律（略称：児童虐待防止法）です。同法は増加する児童虐待を予防することを目的に2000年に制定されました。同名の法律は1933年にも制定されていましたが，虐待行為に及んだ保護者の刑事処分に重点が置かれ，児童の権利擁護を直接の目的としていたわけではありませんでした。実際に同法は戦時色が強まる中でほぼ有名無実な存在となり，戦後は少年救護法とともに児童福祉法に統合されます。

　現行の児童虐待防止法第1条には，「児童虐待が児童の人権を著しく侵害し，その心身の成長及び人格の形成に重大な影響を与えるとともに，我が国における将来の世代の育成にも懸念を及ぼすことにかんがみ，児童に対する虐待の禁止，児童虐待の予防及び早期発見その他の児童虐待の防止に関する国及び地方公共団体の責務，児童虐待を受けた児童の保護及び自立の支援のための措置等を定めることにより，児童虐待の防止等に関する施策を促進し，もって児童の権利利益の擁護に資することを目的とする」と同法の目的が明記されています。

　さらに児童虐待の定義（第2条），児童に対する虐待の禁止（第3条）が明記されているほか，第4条では国及び地方公共団体に対して「児童虐待の予防及び早期発見，迅速かつ適切な児童虐待を受けた児童の保護及び自立の支援（児童虐待を受けた後18歳となった者に対する自立の支援を含む。第3項及び次条第2項において同じ。）並びに児童虐待を行った保護者に対する親子の再統合の促進への配慮その他の児童虐待を受けた児童が家庭（家庭における養育環境と同様の養育環境及び良好な家庭的環境を含む。）で生活するために必要な配慮をした適切な指導

┌─── **コラム 6　子育ての社会化** ───┐

　2010年に発生した大阪 2 児置き去り死事件は，映画化されるなど社会に大き
な反響を与えました。同事件の加害者である母親に対する取材を中心に，詳細
なルポルタージュを著した杉山春氏は事件の真相を次のように述べています。⁽²⁾

　「結婚の形が変わり，就労のあり方も変わった2000年代，個人のアイデン
ティティは必ずしも会社や家族などの集団では支えきれなくなった。集団内に留
まるためには，常に他人から眼差され，評価され，個人の価値が計られなけれ
ばならない。評価に耐えなければ，簡単にほかの人にすげ替えられる。人の商
品化が広がる」。

　母親としての評価を社会から受け続けることに対する重圧が虐待死の原因で
あるとするならば，保護者としての責任を過度に求める風潮がかえって子育て
に対する重圧を生み続け，保護者の孤独化を生み出す要因となるのではないで
しょうか。

└─────────────────────────┘

及び支援を行うため，関係省庁相互間又は関係地方公共団体相互間，市町村，
児童相談所，福祉事務所，配偶者からの暴力の防止及び被害者の保護等に関す
る法律（平成13年法律第31号）第 3 条第 1 項に規定する配偶者暴力相談支援セン
ター（次条第 1 項において単に「配偶者暴力相談支援センター」という。），学校及び
医療機関の間その他関係機関及び民間団体の間の連携の強化，民間団体の支援，
医療の提供体制の整備その他児童虐待の防止等のために必要な体制の整備に努
めなければならない」と虐待防止に向けた体制整備の構築を課しています。

　また，第 6 条第 1 項で「児童虐待を受けたと思われる児童を発見した者は，
速やかに，これを市町村，都道府県の設置する福祉事務所若しくは児童相談所
又は児童委員を介して市町村，都道府県の設置する福祉事務所若しくは児童相
談所に通告しなければならない」とし，国民に対して虐待の通告義務を課して
います。

　以上見てきたように，児童福祉法および児童虐待防止法は，児童の健全な発
育を社会全体で保障する観点から国および地方公共団体のみならず，広く国民
に対しても子どもの養育に対する責任を課している点に特徴があるといえます。

つまり，子どもの養護および成長を社会全体で保障するという社会的養護の理念が，法的に明確に担保されている点を理解する必要があるといえます。

2　社会的養護の制度体系

前節でも確認したように，現行の児童福祉法における社会的養護の方法は，里親制度による家庭養護及び施設養護に区分されます。

（1）里親制度による家庭養護の推進

里親制度は，要保護児童（保護者のない児童又は保護者に監護させることが不適当であると認められる児童）の養育を児童相談所が委託する制度です（児童福祉法第6条の4）。2002年に親族里親，専門里親制度が創設され，2008年の児童福祉法改正によって，新たに「養育里親」と「養子縁組を希望する里親」が制度上区分されました。さらに，2009年度から養育里親と専門里親に対する研修が義務化されました。2017年度からは，里親の新規開拓から委託児童の自立支援までの一貫した里親支援が都道府県児童相談所の義務として位置づけられ，養子縁組里親が法制化されました（現行の里親制度の概要については本書第5章を参照）。

前述したように，児童の権利に関する条約における「児童の最善の利益」の理念を盛り込んだ現行の児童福祉法では，公的責任の観点から社会的に保護養育するという社会的養護の基本理念を打ち出しています。同時に2016年の児童福祉法改正によって，家庭と同様の環境における養育の推進という理念が新たに盛り込まれました（第3条の2）。しかし，社会的養護を必要とする児童の約9割が施設に入所しているのが現状でした。

こうした状況を打開するために，2017年12月に厚生労働省が発表した「社会的養育の推進に向けて」では，社会的養護における里親委託を優先する方針が打ち出されました。その効果として，①特定の大人との愛着関係の下で養育され，安心感の中で自己肯定感を育み，基本的信頼感を獲得できる，②適切な家庭生活を体験する中で，家族のありようを学び，将来，家庭生活を築く上での

┌─── **コラム7　里親について** ───────────────────┐

　長年にわたり児童相談所にソーシャルワーカーとして勤務した筑前甚七氏は，1970年代の里親制度の衰退について次のように述べています。[(3)]

　　　「一人ひとりの優秀な里親は，社会功績として表彰されると，ややもすると会の円滑な運営や，専門技術の練磨にはげむべき，謙虚な，かつ現代社会への警鐘を果たすべく意欲が薄らぎ，里親会のマンネリ化をうむことになってはしないであろうか」。

　筑前氏がこのような問題提起をしてから40年以上が経過しましたが，状況に大きな変化はあったでしょうか。日本の里親制度は英国にみられるような「職業としての里親」という側面よりも，養子縁組にみられるような「跡継ぎ」の確保といった側面が濃厚であるという指摘は以前からなされていました。そこには血縁関係を重視する日本の家族制度の影響があることは確かです。しかし，社会的養護という視点からみた時に，日本においても「職業としての里親」という制度を本格的に導入するための議論を進めていく段階にきています。

└──────────────────────────────────────┘

モデルにできる，③家庭生活の中で人との適切な関係の取り方を学んだり，地域社会の中で社会性を養うとともに，豊かな生活経験を通じて生活技術を獲得できる，こと等が期待されています。直近の10年間で，里親委託児童数は約2倍に増加する一方で，児童養護施設の入所児童は約2割減，乳児院も約2割減となりました。

（2）施設養護による家庭的養護と個別化の推進

　一方で，社会的養護の機能を中心的に担ってきたのが施設養護です。その社会的養護を担う児童福祉施設の種類および現状を示したのが，表4-1です。児童福祉施設への入所は，児童福祉法における措置として児童相談所が決定する仕組みとなっています（各施設の詳細については本書第6章参照）。なお，自立援助ホームとは，児童自立生活援助事業の通称で，児童養護施設等を退所した児童等が共同生活を営む住居において，日常生活上の援助，生活指導，就業の支援などを行います。

表4-1　社会的養護を担う主な児童福祉施設

施　設	乳児院	児童養護施設	児童心理治療施設	児童自立支援施設	母子生活支援施設	自立援助ホーム
対象児童	乳児（特に必要な場合は，幼児を含む）	保護者のない児童，虐待されている児童その他環境上養護を要する児童（特に必要な場合は，乳児を含む）	家庭環境，学校における交友関係その他の環境上の理由により社会生活への適応が困難となった児童	不良行為をなし，又はなすおそれのある児童及び家庭環境その他の環境上の理由により生活指導等を要する児童	配偶者のない女子又はこれに準する事情にある女子及びその者の監護すべき児童	義務教育を終了した児童であって，児童養護施設等を対処した児童等
施設数	145か所	610か所	53か所	58か所	215か所	229か所
定　員	3,827人	30,140人	2,016人	3,340人	4,441世帯	1,575人
現　員	2,351人	23,008人	1,343人	1,162人	3,135世帯児童5,293人	818人
職員総数	5,555人	20,639人	1,522人	1,839人	2,073人	874人

注：(1)　里親数，FHホーム数，委託児童数，乳児院・児童養護施設・児童心理治療施設・母子生活支援施設の施設数・定員・現員は福祉行政報告例（令和4年3月末現在）。
　　(2)　児童自立支援施設の施設数・定員・現員，自立援助ホームの施設数，小規模グループケア，地域小規模児童養護施設のか所数は家庭福祉課調べ（令和3年10月1日現在）。
　　(3)　職員数（自立援助ホームを除く）は，社会福祉施設等調査報告（令和3年10月1日現在）。
　　(4)　自立援助ホームの定員，現員（令和4年3月31日現在）及び職員数（令和3年10月1日現在）は家庭福祉課調べ。
　　(5)　児童自立支援施設は，国立2施設を含む。
出所：こども家庭庁「社会的養育の推進に向けて」2023年，2頁より一部抜粋。

　施設入所支援においても，「家庭と同様の環境における養育」の推進をはかるべく，児童養護施設の小規模化が推進されています。「社会的養育の推進に向けて」では，家庭的養護と個別化による「あたりまえの生活」を保障することに小規模化の意義を見出しています。さらにその効果として，①一般家庭に近い生活体験を持ちやすい，②子どもの生活に目が届きやすく，個別の状況に合わせた対応をとりやすい，③生活の中で子どもたちに家事や身の回りの暮らし方を普通に教えやすい，④調理を通じ，食を通じた関わりが豊かに持てる，⑤近所とのコミュニケーションのとりかたを自然に学べる，⑥集団生活によるストレスが少なく，子どもの生活が落ち着きやすい，⑦日課や規則など管理的になりやすい大舎制と異なり柔軟にできる，⑧安心感のある場所で，大切にされる体験を提供し，自己肯定感を育める，⑨家庭や我が家のイメージを持ち，

将来家庭を持った時のイメージができる，⑩少人数のため行動しやすい，⑪地域の中にグループホームを分散配置することにより，地域での社会的養護の理解が深まる，といった点を確認することができます。このように大舎制による従来型の児童養護施設から小舎制への移行，さらには地域小規模児童養護施設（グループホーム），小規模グループケア（分園型）といった小規模型施設の設置，小規模住居型養育事業（ファミリーホーム）の創設など，「家庭と同様の環境における養育」を展開する環境が整備されています。

3　児童相談所の機能と社会的養護

　児童相談所は，児童福祉法第12条に規定された児童福祉に関する第一線機関です。同法の規定により，児童相談所は都道府県および指定都市に設置が義務づけられています（中核市については任意設置）。

（1）相談内容と診断

　児童相談所の第一義的な機能は，その名の示す通り子どもに関する相談事業です。厚生労働省が作成した「児童相談所運営指針」によると，児童相談所が受け付けている相談内容は養護相談，保健相談，障害相談，非行相談，育成相談などです。厚生労働省が発表した「令和3年度福祉行政報告例の概況」によると，2021年度に全国の児童相談所が対応した相談件数は57万1,961件となっています。相談の種類別にみると，「養護相談」が28万3,001件（構成割合49.5％）と最も多く，次いで「障害相談」が20万3,619件（同35.6％），「育成相談」が4万1,534件（同7.5％）となっています。

　児童相談所に寄せられた相談内容については，児童福祉司や医師・児童心理司などによって専門診断がなされ，問題の所在や解決策が総合的に判断されます。児童福祉司が行う社会診断は，保護者や子ども，関係者との面接，観察，生活環境調査，立入調査などの方法によってなされ，主に子どもの養育環境や生育歴，社会生活などの生活（社会）環境を明らかにすることを目的としてい

ます。一方，児童心理司が行う心理診断は，心理検査や面接，観察といった方法で，発達状況や虐待によるトラウマの程度などを明らかにすることを目的としています。

　また医師による医学診断は問診や診察，医学診断などの方法によって，児童の栄養状態や発育状態，虐待による外傷の有無などを明らかにすることを目的としています。このほかにも必要に応じて，理学療法士や言語聴覚士などの専門職によって障害の程度などを判断します。このような各専門職による専門診断を総合的に判定（総合診断）し，個別の援助方針が策定されます。援助方針の策定にあたっては，当事者である子どもや保護者の意見，さらにはその後の支援を担う児童福祉施設や里親などの意見が反映される必要性があります。

（2）入所措置等

　しかし，緊急性を要する場合（たとえば，虐待児童の保護などの場合に保護者などから同意を得られない場合）においては，児童相談所長の権限の下で施設入所などの措置を取ることも可能です。つまり，児童福祉法第28条第1項では「保護者が，その児童を虐待し，著しくその監護を怠り，その他保護者に監護させることが著しく当該児童の福祉を害する場合において…（中略）…児童の親権を行う者又は未成年後見人の意に反するとき」には，家庭裁判所の承認を得た後に保護者の同意を得なくても強制的に措置することができます。

　また，虐待の疑いのある保護者が児童福祉司などの児童相談所員や児童委員の介入を拒否した場合についても，児童福祉法第29条で「必要があると認めるときは，児童委員又は児童の福祉に関する事務に従事する職員をして，児童の住所若しくは居所又は児童の従業する場所に立ち入り，必要な調査又は質問をさせることができる」ことが明記されています。

　従来，保護者が児童の引き渡しを拒否しても親権の主張がある限り，児童相談所が強制的に介入することができなかったのですが，2008年に児童虐待防止法と児童福祉法が改正されたことに伴い，強制的な介入（鍵の解錠や立入りなど）や，保護者と児童の面会の制限，保護者への指導強化などが定められまし

┌─── コラム8　児童相談所の役割 ──────────────┐

　長年にわたって児童相談所にソーシャルワーカーとして勤務した筑前甚七氏
は，次のように述べています[(4)]。

　「まず考えなくてはならないのは，各学校や，司法関係の人々から相談所職
員が専門職者として評価され，相談されたクライエントから深く信頼され，児
童相談所を行政機関としてではなく，専門機関ということで質的・量的に発展
させるべきではないだろうか。今や障害児を持つ家庭や，養育上で悩む親，不
登校や教育上で葛藤している親等の多くは，それぞれが問題をもって生きてい
る。そしてこうした親たちの中には，専門職者に比肩する知識をもつ人々も増
えて来ている。今後，家庭支援に重点をおくということであるならば，これら
の親や子どもに心底信頼される児童相談所にしなくてはならない」。

　筑前氏の言葉は，現代の児童相談所の抱えている課題を深く捉えています。
親同士の協力や連携，さらには児童相談所の権限の強化，児童福祉司や社会福
祉主事に代わるソーシャルワーカーの必置など，取り組む課題は山積しています。

└──────────────────────────────┘

た。また，「民法等の一部を改正する法律」が2011年に公布されたことに伴い，
虐待を受けている子ども自身や後見人が家庭裁判所に親権の停止を申し立てて
2年間親権を行使することができなくなる「親権停止制度」が創設されました
（2012年4月施行）。

　児童相談所の家庭への強制的介入は，「児童の権利に関する条約」の基本理
念である「子どもの最善の利益」（第3条）を擁護するための緊急的措置です。
無論，生命の危険性が伴う場合など，警察などの司法機関と連携して強権的に
介入しなければならないこともあります。しかし，強権的な介入は親子関係に
亀裂を生じさせてその後の修復を困難にさせたり，児童福祉司と保護者の間に
ラポール（信頼関係）を構築させることを疎外させたりするなど，その後の親
子への支援の困難を招くことも多いのが現状です。強権的な介入を行う場合は，
細心の注意を払う必要があります。

　こうした状況の中で2024年に児童福祉法が改正されることが決まり，一時保
護所の環境改善や，施設入所措置や一時保護の際に児童の意見を聴取する措置

を講じること，さらには児童相談所が行う一時保護の判断に関する司法審査の導入が決定しました。従来児童の意志に反した強権的な措置が取られてきたことに対する反省から，児童の利益を最優先に考慮した措置といえます。

　以上のような児童相談や児童の一時保護のほか，児童相談所の主要な業務として要保護児童の里親への委託や児童福祉施設への入所措置があります。児童福祉法第27条第1項第3号では，「児童を小規模住居型児童養育事業を行う者若しくは里親に委託し，又は乳児院，児童養護施設，障害児入所施設，児童心理治療施設若しくは児童自立支援施設に入所させること」を都道府県の義務として位置づけており，実際の業務を児童相談所長に委任しています（第32条第1項）。また，児童の保護に関して緊急性の高いケースや，児童福祉施設等への入所措置までの期間，児童の生活の場所が確保できない場合などについては，児童相談所における一時保護所等に2カ月を上限として入所させることができます（第33条第1項）。

　児童相談所から入所措置の要請を受けた児童福祉施設は，基本的には受け入れの拒否を行うことはできません。児童相談所では児童福祉施設への入所措置に際して，今後の援助目標を掲げた処遇指針を作成して施設へ提示します。児童を受け入れた児童福祉施設は，個々の児童の支援指針（援助目標）に沿って「児童自立支援計画」を作成することになります。このように，施設における児童の処遇は児童相談所と児童福祉施設の連携の下で計画的に行われています。

（3）自立支援

　児童福祉施設への入所措置は，恒久的なものではありません。児童福祉法が定める「児童」とは「満18歳に満たない者」（第4条第1項）であり，児童福祉施設を利用できるのは基本的には18歳まででした（生活が不安定な場合は18歳以降も22歳に達するまで措置延長が可能）。つまり，児童の自立に向けた支援を行うことが児童相談所の重要な役割となります。家庭復帰の可能性のある児童については，家庭復帰に向けた支援を行うことも児童相談所の役割です。具体的には，親子の面会や一時帰宅などを調整するとともに，児童委員などの「見守

り」体制を整備するといった社会環境の整備が重要となります。また，家庭復帰後も児童相談所や児童福祉施設と連携を保ちながら，児童の自立を支援していく体制が必要となります。

　また，家庭復帰が困難な児童については，施設退所後の自立に向けた総合的な支援体制を構築していく必要があります。2004年の児童福祉法改正では，母子生活支援施設や児童自立支援施設，児童養護施設などの入所施設において「退所した者について相談及びその他の援助を行うことを目的とする」ことが明記されました。つまり，児童福祉施設は入所児童の生活支援だけではなく，施設退所後の自立支援や退所児童のアフターケアを行うことが義務づけられました。具体的には退所児童の生活の場の確保のほか，就労支援や学修支援など子どもの自立に向けた取り組みが求められています。また2016年の児童福祉法改正によって自立援助ホームの対象者に大学等就学中の者（22歳の年度末まで）が追加されました。さらに2022年の児童福祉法改正によって一律の児童の年齢上限を撤廃することが決まりました。これによって一人ひとりの状況（自立が可能か否か）に応じて，次の支援に継続していく体制の整備が模索されつつあります。

（4）里親委託

　前述した入所措置による養護のほかに，要保護児童の里親への委託も児童相談所の主要な業務です。前述したように，児童福祉法改正によって2017年度から里親の新規開拓から委託児童の自立支援までの一貫した里親支援を都道府県児童相談所の業務として位置づけるとともに，養子縁組里親を法定化し，新たに研修を義務化することが定められました。2012年度から児童養護施設と乳児院に対して里親支援専門相談員を設置し，児童相談所の里親担当職員，里親支援事業により配置される職員とともに，里親委託の推進と里親支援を行うことが進められてきました。

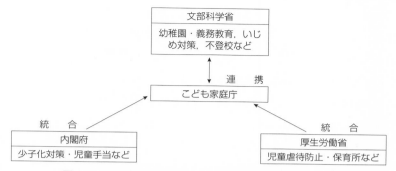

図4-1　子どもを対象とした施策をこども家庭庁に統合

出所：『東洋経済 education×ICT』2022/04/13公開記事（https://toyokeizai.net/articles/-/57
8332）を基に筆者作成。

（5）体制強化に向けて

　このように児童相談所を中心に社会的養護を推進する体制が整備されてきま
したが，さらなる児童相談所の体制強化に向けて次の事項が検討されています。
つまり，2016年の児童福祉法改正によって専門職の配置，児童福祉司等の研修
義務化，弁護士の配置等が規定されたほか，2017年の同法の改正によって児童
の保護に関して司法関与の強化が推進されることになりました。

　今後，児童相談所における家庭裁判所への申し立て等の業務が増加すること
が予想されます。こうした動きの中で，厚生労働省では「司法機関連携強化職
員（仮称）」の配置や児童虐待防止対策研修事業の拡充等を検討しています。
さらに2016年の児童福祉法附則改正によって，中核市および特別区が児童相談
所を設置する際に，国が設置に係る支援その他の必要な措置を講ずることが新
たに規定されました。今後，市区が児童相談所の設置を進める上で，すでに児
童相談所を設置している都道府県等の協力が必要となることから，児童相談所
の実務経験のある都道府県等職員の市区への派遣を促進する体制を整備するこ
とが検討されています。

　さらに2023年4月に内閣府の外局として新たに「こども家庭庁」が発足しま
した。その目的は，文部科学省や厚生労働省，内閣府などが所管していた出産
や教育，子育てといった「子ども」を対象とした施策を一元化することによっ

て，より効果的な子ども支援を展開することにあります（図 4 - 1 ）。

　また2020年の社会福祉法改正によって新たに地域における支援体制の強化を目的として，「重層的支援体制整備事業」が創設されました。これにともなって子育て分野の支援も地域の重層的支援体制に組み込まれることになりました。社会的養護の実現に向けて，さらなる体制整備が求められています。

　保育士を目指すみなさんも，日々の政策的な動向を把握するとともに，自身がどのような社会的環境の中で保育活動に従事しているのか，絶えず関心を向ける必要があります。

　事後学習

① 自身の住んでいる地域（市町村）の社会的養育に関する取り組みついて調べてみましょう。

② 自身の住んでいる地域（都道府県）の児童相談所のホームページを閲覧し，その役割を調べましょう。

注
(1) 吉田久一・一番ヶ瀬康子編『昭和社会事業史への証言』ドメス出版，1982年，145頁。
(2) 杉山春『ルポ虐待――大阪二児置き去り死事件』筑摩書房，2013年，255頁。
(3) 筑前甚七編『東北の児童福祉』相川書房，1982年，105頁。
(4) 筑前甚七『児童福祉の潮流と児童相談所の変遷』啓生園印刷部，1997年，88頁。

📖さらに学びたい人のために
木村武夫編『現代日本の児童福祉』ミネルヴァ書房，1970年。
　――「古典」とは，それが執筆された時代を超えて現代まで論の普遍性を保ち得る書物であると定義できます。本書は毎年数多く出版されてきた児童福祉関連の書物の中で，その定義に耐えることができる書物です。執筆者の布陣を見ても，戦後の社会福祉研究をリードしてきたメンバーであることは異論が出ないものです。特に，第 2 章の「社会経済と児童問題」（孝橋正一）は，児童福祉を社会科学的方法論によって分析した他に類を見ない論考です。社会福祉専門職であれば，是非一度読んでいただきたい一冊です。

全社協養護施設協議会編『続　泣くものか──作文集　子どもたちからの人権の
　訴え』亜紀書房，1990年。
　　──世に児童福祉や保育に関する「解説書」は無数に存在しています。しかし，
　　そうした制度を利用している「子ども」の声にスポットをあてた書籍はほ
　　とんどありません。貧困・虐待・家庭崩壊を経てたどり着いた児童養護施
　　設での生活。子どもは何に傷つき，何を考え，何を訴えているのか。また，
　　児童指導員や保育士はそうした子どもの声をどのように理解していけばよ
　　いのか。重たい現実と課題ですが，専門職としてそこから目をそらすこと
　　はできません。

<table>
<tr><td>第5章</td><td>社会的養護の対象・形態・専門職</td></tr>
</table>

┌─ 本章の概要と到達目標 ─────────────────

（1）概　　要

　社会的養護の対象となった子どもたちは，自分自身の原因で家庭生活ができなくなるということはほとんどありません。その多くは，家庭の事情や子ども自身が抱える問題や環境が要因となっています。そして，里親委託や施設入所後は，様々な専門職がそのような子どもたちの日常生活を支えるために，子どもの育ちを支援しています。本章では，家庭的養護と施設養護という社会的養護のあり方の違いを学び，各施設の違いやそこで働く専門職の役割を解説していきます。

（2）到達目標

① 社会的養護の対象について理解する。

② 家庭的養護と施設養護についてその違いを理解する。

③ 専門職の役割について理解する。

└────────────────────────────────

┌─ 事前学習 ──────────────────────

① 社会的養護の対象となる子どもについて調べておきましょう。

② 社会的養護の対象となる施設について調べておきましょう。

③ 社会的養護の専門職について調べておきましょう。

└────────────────────────────────

1　社会的養護の対象

　「児童養護施設入所児童等調査の概要」（平成30年2月1日現在）によると，社会的養護関連施設における被虐待児童の割合は，多くの施設で養護問題発生理由の大きな要因となっています。また，社会的養護の対象となる子どもは被虐待児童だけではなく，保護者のない児童や，経済的に困窮し養育困難に陥った子どもなども対象になっています。G7加盟国である日本も所得格差が拡大し，

貧困世帯にある子どもが経済的困窮により社会的養護の対象となることも少なくありません。2018年度の国民生活基礎調査において，子どもの貧困率は13.5％と発表されています。そのような子どもの貧困は生活困窮へとつながり，社会的養護の対象となる子ども達の要因の一つになっています。ここでは，社会的養護に陥る様々な「要因」について学んでいきたいと思います。

（1）養育環境に問題のある子どもたち

　子どもの健やかな成長・発達・自立のためには，親を含めた家庭の役割が重要となっています。しかし，現代社会には，子どもの生活の基盤である「家庭」が崩壊し，子育てが困難になっている親子が多くみられます。その要因として挙げられるのが，虐待や，生活困窮などです。まずは，被虐待児童について，考えていきたいと思います。

　虐待の種類は身体的虐待，心理的虐待，性的虐待，ネグレクトに分類されます。（一部の県では，子どもの財産を本人の同意なく処分破棄することなどを防止する「経済的虐待」を条例で定めているところもあります）。

　厚生労働省の公表する2022年度の児童相談所での虐待相談の内容別件数は，「心理的虐待が12万9,484件（59.1％），身体的虐待が5万1,679件（23.6％），ネグレクトが3万5,556件（16.2％），性的虐待が2,451件（1.1％）」となっており，虐待の種類で一番多いケースは心理的虐待，次いで身体的虐待，ネグレクト，性的虐待という順になっています。

　児童虐待防止法第6条（児童虐待に係る通告）において，「児童虐待を受けたと思われる児童を発見した者は，速やかに，これを市町村，都道府県の設置する福祉事務所若しくは児童相談所又は児童委員を介して市町村，都道府県の設置する福祉事務所若しくは児童相談所に通告しなければならない」と明記されており，虐待の疑いを発見した際に通告することが義務づけられています。保育士だけが，保護者の言動や，子どもの行動から気づけることもあります，虐待の疑いがある時点でいちはやく（189：児童相談所虐待対応ダイヤル番号）上司に相談し福祉事務所や児童相談所へ通告することが大切になります。さらに，

表5-1　児童虐待の定義

身体的虐待	殴る，蹴る，叩く，投げ落とす，激しく揺さぶる，やけどを負わせる，溺れさせる，首を絞める，縄などにより一室に拘束する　など
性的虐待	子どもへの性的行為，性的行為を見せる，性器を触る又は触らせる，ポルノグラフィの被写体にする　など
ネグレクト	家に閉じ込める，食事を与えない，ひどく不潔にする，自動車の中に放置する，重い病気になっても病院に連れて行かない　など
心理的虐待	言葉による脅し，無視，きょうだい間での差別的扱い，子どもの目の前で家族に対して暴力をふるう（ドメスティック・バイオレンス：DV），きょうだいに虐待行為を行う　など

出所：厚生労働省「児童虐待の定義」2023年。

保護者のサポート及び，子どものケアに努めることが必要です。

　虐待については，厚生労働省が表5-1のように分類しています。

（2）生きづらさを抱えている子どもたち

　私たちにとって「家庭」は生活の基盤であり，夫婦や親子などの家族といわれる人たちが一緒に生活する場所でもあります。また「世帯」とは，生計を共にしている人の集まりのことをいいます。

　「2022（令和4）年　国民生活基礎調査の概況」（厚生労働省，以下，「基礎調査」）によると，2022年6月2日現在における全国の世帯総数は5,431万世帯となっています。世帯構造をみると，「単独世帯」が1,785万2,000世帯（全世帯の32.9％）で最も多く，次いで「夫婦と未婚の子のみの世帯」が1,402万2,000世帯（同25.8％），「夫婦のみの世帯」が1,333万世帯（同24.5％），三世代世帯は2,086万世帯（同3.8％）になっています。年代的にみると「単独世帯」「夫婦のみ世帯」が増加し，「三世代世帯」が減少している傾向がみられます。

　この世帯構造は，子育てにも大きく影響しています。子育て経験を持った，祖父母が近くで生活しアドバイスや支援をしてくれた時代から，夫婦や単身で子育てを行う時代へと変わってきています。子どもにとっても，家庭内の話し相手の減少にもつながっています。

　さらに，雇用形態の変化や離婚率の増加は，子どもの生活に大きく影響を与

えています。

　ここでは，「経済的困窮」「ひとり親家庭」などにより，生きづらさを抱えている子ども達について考えていきましょう。

1）保護者の経済的困窮

　厚生労働省子ども家庭局調査「児童養護施設入所児童等調査の概要（平成30年2月1日現在）」の「養護問題発生理由別児童数」（表5-2）を見てもわかるとおり，破産等の経済的理由による施設入所が1,921人（4.8％）となっており，子ども家庭世帯の経済的困窮が社会的養護施設の入所に至る一つの要因にもなっています。今後も経済的な格差が広がっていくことで，ますます生活困窮を余儀なくされる児童が増加することが予想されます。

　なお，「基礎調査」によると，2021年の貧困線（等価可処分所得の中央値の半分）は127万円となっており，「相対的貧困率」（貧困線に満たない世帯員の割合）は15.4％，「子どもの貧困率」（17歳以下）は11.5％となっています。

2）ひとり親家庭

　表5-2にもあるとおり，養護問題発生理由の中で，「父の死亡」301人（0.7％）や「母の死亡」1,213人（3.0％），「父の行方不明」164人（0.4％）や「母の行方不明」1,176人（2.9％），「父母の離婚」750人（1.9％）などの両親に何らかの問題が発生した児童が8.9％になっていることがわかります。ひとり親家庭であることが必ずしも子どもにとって悪影響があるとはいえませんが，子育てと仕事を同時に求められ，家庭が経済的困窮に陥るケースも少なくありません。

　これは，「基礎調査」でもみることができます。各種世帯別にみた所得の状況の1世帯当たり平均所得金額が，全世帯545万7,000円に対し，「児童のいる世帯」785万円，母子世帯328万2,000円になっています。子育てという，お金がかかる時代に「母子世帯」は「児童のいる世帯」の半分以下の所得で生活しています。さらに，同調査の「各世帯の意識調査」では「母子世帯」の苦しい生活が示されています。「各世帯の意識調査」は世帯の生活意識を「大変苦しい」「やや苦しい」「普通」「ややゆとりがある」「たいへんゆとりがある」の5つに分類し，「苦しい」を「大変苦しい」「やや苦しい」と表しています。「児

表 5-2　養護問題発生理由別児童数

	児童数								
	里親委託児	養護施設児	児童心理治療施設	自立施設児	乳児院児	ファミリーホーム児	自立援助ホーム児	全施設合計	比率（%）
総　数	5382	27026	1367	1448	3023	1513	616	40375	100%
父の死亡	126	142	1	5	3	14	10	301	0.7%
母の死亡	583	542	11	6	14	45	12	1213	3.0%
父の行方不明	86	60	1	2	1	12	2	164	0.4%
母の行方不明	362	701	8	5	40	51	9	1176	2.9%
父母の離婚	74	541	2	25	43	52	13	750	1.9%
両親の未婚	＊	＊	＊	＊	84	＊	＊	84	0.2%
父母の不和	36	240	4	6	65	17	3	371	0.9%
父の拘禁	25	284	6	2	10	6	2	335	0.8%
母の拘禁	136	993	9	5	111	53	9	1316	3.3%
父の入院	30	104	1	2	2	4	－	143	0.4%
母の入院	93	620	7	1	80	30	4	835	2.1%
家族の疾病の付添	9	29	－	－	6	－	2	46	0.1%
次子出産	13	60	－	－	7	3	1	84	0.2%
父の就労	50	579	3	－	24	19	2	677	1.7%
母の就労	78	592	2	5	87	30	2	796	2.0%
父の精神疾患等	27	208	4	2	6	6	2	255	0.6%
母の精神疾患等	675	4001	94	42	702	211	46	5771	14.3%
父の放任・怠だ	68	544	6	21	30	24	10	703	1.7%
母の放任・怠だ	642	4045	112	72	474	184	44	5573	13.8%
父の虐待・酷使	212	2542	147	86	121	112	89	3309	8.2%
母の虐待・酷使	291	3538	228	57	188	113	76	4491	11.1%
棄児	74	86	2	4	9	19	3	197	0.5%
養育拒否	826	1455	46	41	162	205	58	2793	6.9%
破産等の経済的理由	341	1318	9	2	200	43	8	1921	4.8%
児童の問題による監護困難	64	1061	527	988	4	78	136	2858	7.1%
児童の障害	12	97	39	19	35	18	13	233	0.6%
その他	407	2480	82	42	501	143	46	3701	9.2%
不　詳	56	164	16	8	14	21	14	293	0.7%

注：＊は，調査項目としていない。
出所：厚生労働省子ども家庭局「児童養護施設入所児童等調査の概要（平成30年 2 月 1 日現在）」（http://www.mhlw.go.jp/bunya/kodomo/syakaiteki_yougo/dl/yougo_genjou_01.pdf，2023年 9 月 1 日アクセス）を参考に筆者作成。

童のいる世帯」の「苦しい」が54.7％に対して，「母子世帯」では75.2％になっています。

3）子育てが難しい家庭

前述のとおり，「単独世帯」「夫婦のみ世帯」が増加し，「三世代世帯」が減少している傾向がみられます。子育て家庭では，二世帯・三世代家族が減少し，核家族（夫婦と未婚の子どもからなる家族）が増加していることになります。これは，子育てに関する悩みや不安を，血縁者に相談することかが難しくなっていることを意味しています。

さらに，ここに保護者自身の問題が関わってきます。表5－2の中で，乳児院の「母親の精神疾患等」が702人（23.2％）にもなっています。これは乳児院の理由のトップになっており，次いで，「母の放任・怠だ」474人（15.7％），「破産等の経済的理由」200人（6.6％）になっています。

児童養護施設に入所した幼児のケースで，次のような姉妹のケースがあります。このケースは姉（5歳），妹（3歳）の姉妹で，入所に至る経過としては，姉妹をみてきた保育所の保育士が，毎日，お尻に便がありシャワーをして保育に入っていました。発育には大きな問題はありませんが，あせもや，オムツかぶれがみられ，お尻のシャワーも毎日の日課になっていました。そのことを上司に相談したところ，虐待の一つであるネグレクトの可能性があるとし，福祉事務所に相談しました。さらに，福祉事務所から児童相談所に連絡が入り，家庭訪問したところ，母親に軽度の知的障害がみられ，2人の幼児の育児は難しいと判断し，育児の手が落ち着くまで，児童養護施設に入所することになりました。

このケースについては，「母の放任・怠だ」の一つだと思いますが，精神疾患や知的障害などの障害により，子育てが難しくなることもあります。保育士として障害を理解し，どのような支援が必要かを考えていくことが大切になります。

（3）新しい社会的養育ビジョンと社会的養護の支援

　新しい社会的養育ビジョンでは，新たにケアリーバーの問題を提示していま
す。ケアリーバーとは，保護を離れた人を意味します。「児童の代替的養護に
関する指針」で「市民社会と協力して，親の養護下にない児童の照会及びかか
る児童への支援に携わる全ての国の団体は，かかる児童の効果的な養護，アフ
ターケア及び保護を保障するため，国家機関と個人との情報共有及びネットワ
ーク構築に有利に働く政策及び手続を採用すべきである」と規定しています。

　「新しい社会的養育ビジョン」でも「平成30年度までにケア・リーバー（社
会的養護経験者）の実態把握を行うとともに，自立支援ガイドラインを作成し，
…（中略）…包括的な制度的枠組み（例：自治体による自立支援計画の策定など）
を構築する。これにより，代替養育の場における自律・自立のための養育，進
路保障，地域生活における継続的な支援を推進する」としています。

　また，地域生活の支援の一環として，「ケア・リーバーと支援者のつながり
を強化するための方策の検討と予算化（たとえば交通費の支給，誕生日等記念日の
行事，出産時の祝い金等）が検討されるべきである」（厚生労働省，2017年）との考
えを打ち出しています。

　施設で生活をする子どもの中には，大学や専門学校への進学を希望している
子どもたちもいます。「社会的養育の推進に向けて」（2023年）の「進学，就職
の状況（令和4年5月1日現在）」では，児童養護施設児の高校卒業後の就職率
53.8%に対して，大学進学率は20.6%，専修学校等への進学率は16%と進学す
る者は非常に少ない状況になっています。

　児童養護施設では18歳になると，進学や，就職により原則施設を退所し，親
元へ帰ることのできない者は，自身で自立した生活を営むか，自立援助ホーム
を利用し生活する選択肢しかありませんでした。措置延長の期間については原
則22歳の年度末まで延長できるようになっていましたが，2022年6月8日の改
正児童福祉法の成立により，「年齢ではなく自立可能かどうかで判断し，大人
向けの支援に引き継ぐまで継続的にサポートを受けられるように」なり，措置
延長の年齢制限が撤廃されています。

┌──── コラム9　映画監督の山本昌子さん[(2)] ────┐

　山本さんは両親のネグレクト（育児放棄）が原因で生後4カ月で保護され，乳児院，児童養護施設，自立援助ホームで19歳までを過ごしました。17歳の児童養護施設卒園時に女性週刊誌に生い立ちが紹介され，18歳から19歳までの1年間で学費100万円を貯め社会福祉専系の門学校へ進学し保育士資格を取得しました。18歳から児童相談所などでの講演活動を始め，22歳の時に，専門学校の先輩から振袖を全額負担してもらって着られたことをきっかけに，振袖事業ボランティア団体『ACHA プロジェクト』の活動を開始しました。成人式に振袖を着ることができなかったケアリーバーを対象に，女性には振袖を男性には袴の貸し出し，それ以外にも七五三，大学や専門学校の卒業式の袴の貸し出し，ウェディングドレス，パーティドレスの貸し出しも行っています。また25歳の時に，当事者活動を一緒に行っていた仲間たちと一緒に児童養護施設情報発信 YouTube 番組『THREEFLAGS──希望の狼煙』の活動を開始しました。

　コロナが蔓延すると，児童養護施設の仲間達が孤立している現状を目の当たりにして居場所事業「まこ HOUSE」を開始しました。全国の児童養護施設，里親出身，虐待された経験のある仲間達，全国450名とつながるオンライン居場所事業も同時に行っています。

　山本さんは，2021年7月19日，厚生労働省にて《虐待から逃れた子どもの心のケアの義務化・拡充》を求める4万7,403人分の署名と提言書を厚生労働大臣宛に提出しました。

　その他にも様々な支援活動を進めながら，虐待をされた経験のある70名の若者たちとドキュメンタリー映画『REALVOICE』を製作しました。この映画で監督を務めた山本さんは，「この映画をきっかけに，ケア・リーバーの存在により多くの人が気付いてほしい，生の声を聴いてほしい」と話しています。

└──────────────────────────────┘

　さらに，このようなケースに対応するため，後述する新しい社会的養育ビジョンの中で，自立支援（リービングケア，アフターケア）についても方向性が示されています。

　また，前述の「社会的養育の推進に向けて」の中の「家庭と同様の環境における養育の推進」の課題として「・児童が心身ともに健やかに養育されるよう，

より家庭に近い環境での推進を図ることが必要。／・しかしながら，社会的養護を必要とする児童の約9割が施設に入所しているのが現状。／・このため，児童相談所が要保護児童の養育環境を決定する際の考え方を法律において明確化することが必要」の3点を挙げています。

　この課題に対して，2016年の児童福祉法改正により，子どもが権利の主体であること，実親による養育が困難であれば，里親や特別養子縁組などで養育されるよう，家庭養育優先の理念等が規定されました。法律上でも，児童福祉法第3条の2に「児童を家庭において養育することが困難であり又は適当でない場合にあつては児童が家庭における養育環境と同様の養育環境において継続的に養育されるよう，児童を家庭及び当該養育環境において養育することが適当でない場合にあつては児童ができる限り良好な家庭的環境において養育されるよう，必要な措置を講じなければならない」と明記されています。

　こども家庭庁は，実の親による養育を「家庭」，特別養子縁組を含む養子縁組，小規模住居型児童養育事業，里親を「家庭と同様の養育環境」，施設（小規模型）を「良好な家庭環境」とし，施設と分けて分類しています。今後の社会的養護の支援については，「家庭」「家庭と同様の養育環境」「良好な家庭環境」が支援の中心になっていくと考えられます。

　しかし，現在は移行期でもあり施設の持っている機能や役割は十分に尊重されることが大切です。今まで社会的養護の中心であった施設養護は，多くの支援についての専門的技術を持っています。この技術を家庭や家庭に代わる養育環境にどう活かしていくのかが問われています。

2　家庭養護と施設養護

（1）家庭養護とは

　家庭養護とは，要保護児童を一般の家庭（それに近い環境）の中で養育することをいいます。具体的には，里親と小規模住居型児童養育事業（ファミリーホーム）のことを指します。

　近年では，永続的解決（パーマネンシー保障）の必要性から特別養子縁組など
の養子縁組も社会的養護の支援の対象に含まれています。特別養子縁組につい
ては，民法第817条の２第１項に「家庭裁判所は，次条から第817条の７までに
定める要件があるときは，養親となる者の請求により，実方の血族との親族関
係が終了する縁組（以下この款において「特別養子縁組」という。）を成立させるこ
とができる」と規定されています。また，児童福祉法においても第33条の６の
２で「児童相談所長は，児童について，家庭裁判所に対し，養親としての適格
性を有する者との間における特別養子縁組について，家事事件手続法（平成23
年法律第52号）第164条第２項に規定する特別養子適格の確認を請求することが
できる」としています。

　なお，2020年４月から「民法の一部を改正する法律」が施行され，「原則　特
別養子縁組の成立の審判の申立ての時に６歳未満であること」から「15歳未満
であること」と変わり支援の枠を広げています。

　ここでは，家庭養護の里親と小規模住居型児童養育事業についてみていきま
す（表5-3）。

1）里親制度

　里親とは，児童福祉法第６条の４に規定されており，養育里親・専門里親・
養子縁組里親・親族里親の４つの形態があります（表5-4）。養育里親の場合，
同条第１号において「内閣府で定める人数以下の要保護児童を養育することを
希望する者…（中略）…のうち，第34条の19に規定する養育里親名簿に登録さ
れたもの」となっています。

　なお，この養育里親のうち一定の要件を満たした者が専門里親になることが
できます。また，児童福祉法第34条の19で，都道府県知事に養育里親名簿及び
養子縁組里親名簿の作成を義務づけています。さらに，親族里親は同法第６条
の４第３号に「第１号に規定する内閣府令で定める人数以下の要保護児童を養
育することを希望する者（当該要保護児童の父母以外の親族であって，内閣府令で定
めるものに限る。）のうち，都道府県知事が第27条第１項第３号の規定により児
童を委託する者として適当と認めるもの」と規定されています。また，児童福

表 5‐3　里親，ファミリーホーム，グループホームの比較

	里　　親	ファミリーホーム	グループホーム	
			地域小規模児童 養護施設	小規模グループ ケアの分園型
形　　態	家庭養護（養育者の家庭に迎え入れて養育を行う）		施設養護（施設を小規模化・地域分散化し，家庭的な養育環境とする）	
位置づけ	個　　人	第2種社会福祉事業 （多くは個人事業者。 法人形態も可能）	第1種社会福祉事業である児童養護施設の一部（法人形態）	
措置児童数	1〜4名	定員5〜6名	定員6名	定員6〜8名
養育の体制	里親 （夫婦又は単身）	養育者と補助者があわせて3名以上 （措置費上は，児童6人の場合，常勤1名＋非常勤2名）	常勤2名＋非常勤1名	児童数に応じた配置に加算職員 （5.5：1等の配置＋小規模ケア加算の常勤1名＋管理宿直等加算の非常勤1名分）
措置費	里親手当 養育里親　　72,000円 （2人目以降は36,000円を加算）	上記の人件費に基づく事務費を委託児童数に応じて算定（現員払い）	上記の人件費に基づく事務経費を児童定員数に応じて算定（定員払い）	
		貸借による場合は1か月10万円を措置費で算定		
	児童の一般生活費（約4万7千円），各種の教育費，支度費等は，共通			

出所：厚生労働省『ファミリーホームの要件の明確化について（概要）』2012年。

祉法第27条第1項第3号とは都道府県の措置に関する規定になっています。

　厚生労働省は里親認定のための基本的な要件として，次の事項を挙げています。

①　要保護児童の養育についての理解及び熱意並びに児童に対する豊かな
愛情を有していること。

②　経済的に困窮していないこと（親族里親は除く。）。

③　里親本人又はその同居人が次の欠格事由に該当していないこと。

　ア　成年被後見人又は被保佐人（同居人にあっては除く。）

　イ　禁錮以上の刑に処せられ，その執行を終わり，又は執行を受けるこ

表5-4　里親制度の概要

里親制度の概要	養育里親	専門里親	養子縁組里親	親族里親
対象児童	要保護児童	次に挙げる要保護児童のうち，都道府県知事がその養育に関し特に支援が必要と認めたもの。 ①児童虐待等の行為により心身に有害な影響を受けた児童。 ②非行等の問題を有する児童。 ③身体障害，知的障害又は精神障害がある児童。	要保護児童	次の要件に該当する要保護児童。 ①当該親族里親に扶養義務のある児童。 ②児童の両親その他当該児童を現に監護する者が死亡，行方不明，拘禁，入院等の状態となったことにより，これらの者により，養育が期待できないこと。
資格要件	・養育里親研修を修了していること。 ※年齢に一律の上限は設けない養育可能な年齢であるかどうかを判断。	・専門里親研修を修了していること。 ・次の要件のいずれかに該当すること ア　養育里親として3年以上の委託児童の養育の経験を有すること。 イ　3年以上児童福祉事業に従事した者であって，都道府県知事が適当と認めたものであること。 ウ　都道府県知事がア又はイに該当する者と同等以上の能力を有すると認めた者であること。 ・委託児童の養育に専念できること。 ※年齢に一律の上限は設けない。養育可能な年齢であるかどうかを判断。	・養子縁組里親研修を修了していること。 ※一定の年齢に達していることや，夫婦共働きであること，特定の疾病に罹患した経験があることだけをもって排除しない。子どもの成長の過程に応じて必要な気力，体力，経済力等が求められることなど，里親希望者と先の見通しを具体的に話し合いながら検討。	・要保護児童の扶養義務者及びその配偶者である親族であること。 ・要保護児童の両親等が死亡，行方不明，拘禁，疾病による入院等の状態となったことにより，これらの者による養育が期待できない要保護児童の養育を希望する者であること。
登録有効期間	5年	2年	5年	なし
委託児童の最大人数	4人	専門里親としてかかわる児童は2人まで	4人	4人
委託期間	原則～18歳まで（必要に応じて延長可）	2年以内（必要に応じて延長が認められる場合もある）	養子縁組成立まで	原則～18歳まで（必要に応じて延長可）

出所：厚生労働省「里親制度資料集」2018年を基に筆者作成。

とがなくなるまでの者

　　ウ　児童福祉法等，福祉関係法律の規定により罰金の刑に処され，その
　　　　執行を終わり，又は執行を受けることがなくなるまでの者

　　エ　児童虐待又は被措置児童等虐待を行った者その他児童の福祉に関し
　　　　著しく不適当な行為をした者

2）小規模住居型児童養育事業（ファミリーホーム）

　厚生労働省は，「小規模住居型児童養育事業は，養育者の家庭に児童を迎え
入れて養育を行う家庭養護の一環として，保護者のない児童又は保護者に監護
させることが不適当であると認められる児童に対し，この事業を行う住居にお
いて，児童間の相互作用を活かしつつ，児童の自主性を尊重し，基本的な生活
習慣を確立するとともに，豊かな人間性及び社会性を養い，児童の自立を支援
することを目的とする」と規定しています。

（2）施設養護とは

　社会的養護の児童に対する主な支援施設として，こども家庭庁は，乳児院，
児童養護施設，児童心理治療施設，児童自立支援施設，母子生活支援施設，自
立援助ホームの6つの施設を挙げています。この中で，自立援助ホームを除く
これらの施設は保育実習 I 施設実習の対象施設になっています。ここでは，乳
児院，児童養護施設，児童自立支援施設，母子生活支援施設の支援についてみ
ていきます。

1）乳児院

　乳児院は児童福祉法第37条に，「乳児院は，乳児（保健上，安定した生活環境の
確保その他の理由により特に必要のある場合には，幼児を含む。）を入院させて，こ
れを養育し，あわせて退院した者について相談その他の援助を行うことを目的
とする施設」とあります。2022年3月末現在の乳児院の数は，145カ所，定員
3,827人，現員2,351人です（「こども家庭庁「社会的養育の推進に向けて」2023年
〔以下，「社会的養育の推進に向けて」〕）。

表5-5　乳児院入所児童の今後の見通し

総　　数 （人）	保護者のも とへ復帰	親類等の家 庭への引き 取り	現在の乳児 院で養育	児童養護施 設へ	母子生活支 援施設へ	養子縁組	里親・ファ ミリーホー ム委託
3,023 100%	761 25.2%	35 1.2%	1,073 35.5%	564 18.7%	10 0.3%	92 3.0%	272 9.0%

障害児入所 施設へ移行 予定	他施設へ移 行予定	その他	不　　　詳
56 1.9%	30 1.0%	113 3.7%	17 0.6%

出所：厚生労働省子ども家庭局「児童養護施設入所児童等調査の概要（平成30年2月1日現在）」から筆者作成。

　なお，2004年の児童福祉法改正により，「保健上，安定した生活環境の確保その他の理由による特に必要のある場合」には就学前までの入所が可能になっています。

　2012年の乳児院運営指針によると，「社会的養護の場は，従来の『家庭代替』から，家族機能の支援・補完・再生を重層的に果たすさらなる家庭支援の場へと転換が求められている。親子間の関係調整，家庭機能の回復支援の過程は，施設と保護者が協働することによって果たされる」としており，その役割の変化を示唆しています。

　乳児院は，社会的養護の児童にとって人生の最初の通過施設です。表5-5の通り，「保護者のもとへの復帰」が25.2％，「児童養護施設へ」が18.7％，「里親・ファミリーホーム委託」が9.0％になっています。

　なお「新しい社会的養育ビジョン」では，乳児院は，「これまで乳児院が豊富な経験により培ってきた専門的な対応能力を基盤として，今後はさらに専門性を高め，一時保護された乳幼児とその親子関係に関するアセスメント，障害等の特別なケアを必要とする子どものケアの在り方のアセスメントとそれに基づく里親委託準備，親子関係改善への通所指導，産前産後を中心とした母子の入所を含む支援，家庭復帰に向けた親子関係再構築支援，里親・養親支援の重要な役割を地域で担う新たな存在として，機能の充実が不可欠である。その際，

表5-6　ある児童養護施設の一日の流れ

時　刻	平　　日	時　刻	休　　日
6：30	起　床		
7：00	朝　食		
7：30	小学生・中学生・高校生登校	7：30	起　床
		8：00	朝　食
8：30	幼稚園児登園		
		9：00	余暇時間
			（テレビ鑑賞・外で遊ぶ）
		12：00	昼　食
13：00	幼稚園児帰園	13：00	余暇時間
			（テレビ鑑賞・外で遊ぶ）
15：00	小学生下校	15：00	入浴・宿題・余暇時間
	入浴・宿題・余暇時間		
16：00	中学生下校		
17：00	高校生下校		
18：00	夕　食	18：00	夕　食
20：00	幼稚園児就寝		余暇時間
			（テレビ鑑賞・居室でくつろぐ）
21：00	小学生就寝	21：00	小学生就寝
22：00	中学生・高校生就寝	22：00	中学生・高校生就寝

（職員の勤務）早番　6：00～15：00　　遅番　13：00～22：00
　　　　　　　宿直　15：00～翌日13：00　　断続勤務　6：00～9：00，15：00～21：00

出所：筆者作成。

　一時的な入所は，家庭養育原則に照らし，限定的，抑制的に判断すべきである。今後，これまでの乳児院は多機能化・機能転換し，こうした新たな重要な役割を担う。国はそのための財政的基盤をできるだけ早く構築するとともに，乳児院をその機能にあった名称に変更する」としています。

2）児童養護施設

　児童養護施設は児童福祉法第41条に，「児童養護施設は，保護者のない児童（乳児を除く。ただし，安定した生活環境の確保その他の理由により特に必要のある場合には，乳児を含む。以下この条において同じ。），虐待されている児童その他環境上養護を要する児童を入所させて，これを養護し，あわせて退所した者に対する相談その他の自立のための援助を行うことを目的とする施設」とあります。2022年3月末現在の児童養護施設の数は，610カ所，定員3万140人，現員2万

3,008人です（「社会的養育の推進に向けて」）。なお，生活の流れについては表5－6のとおりです。「新しい社会的養育ビジョン」では，「児童養護施設等の小規模かつ地域分散化の推進を図るため，施設整備を含む物件確保に向けた支援や職員体制の強化等を実施すること」が目標として挙げられています。

3）児童心理治療施設

児童心理治療施設は，児童福祉法第43条の2に，「児童心理治療施設は，家庭環境，学校における交友関係その他の環境上の理由により社会生活への適応が困難となった児童を，短期間，入所させ，又は保護者の下から通わせて，社会生活に適応するために必要な心理に関する治療及び生活指導を主として行い，あわせて退所した者について相談その他の援助を行うことを目的とする施設」とあります。2022年3月末現在の児童心理治療施設の数は，53カ所，定員2,016人，現員1,343人です（「社会的養育の推進に向けて」）。

2016年の児童福祉法改正により，2017年4月に「情緒障害児短期治療施設」から名称変更されました。児童心理治療施設は，福祉，医療，心理，教育との協働により，施設での生活を治療的な経験にできるように，日常生活，学校生活，個人心理治療，集団療法，家族支援，施設外での社会体験などを有機的に結びつけた総合的な治療・支援（総合的環境療法）を行っています。学校教育は施設によって地域の学校，施設内の分教室・分校など様々な形態があります。子どもの支援に基づきプログラムが組まれるため，通所の支援や入所の支援など心理士が中心となって行われています。

4）児童自立支援施設

児童自立支援施設は，児童福祉法第44条に「児童自立支援施設は，不良行為をなし，又はなすおそれのある児童及び家庭環境その他の環境上の理由により生活指導等を要する児童を入所させ，又は保護者の下から通わせて，個々の児童の状況に応じて必要な指導を行い，その自立を支援し，あわせて退所した者について相談その他の援助を行うことを目的とする施設」とあります。2022年3月末現在の児童自立支援施設の数は，58カ所，定員3,340人，現員1,162人です（「社会的養育の推進に向けて」）。

表5-7　入所理由別母子生活支援施設入所世帯数

総　　数	母子の心身の不安定による	職業上の理由による	在宅事情による	経済的理由による	配偶者からの暴力	不適切な家庭内環境	その他	不　　詳
3,216人 100.0%	121人 3.8%	2人 0.1%	529人 16.4%	413人 12.8%	1,639人 50.7%	286人 8.9%	165人 5.1%	69人 2.1%

出所：厚生労働省「児童養護施設入所児童等調査の概要」2020年。

　児童自立支援施設の入所児童は，前述の「児童養護施設入所児童等調査の概要」（2018年2月1日現在）では，9歳から19歳までの児童が生活しています。施設での生活は，職員は小舎夫婦制や交代制の勤務をしており，児童生活支援員を寮長，寮母という名称で呼んでいる施設もあります。

　「新しい社会的養育ビジョン」では，「こうした養育環境では，最大でも6人以下の子どもとケアワーカーが一生活単位を構成し，子どもは，独立性と自律性を備えたこの生活単位において日常生活を送る。ただし，ケアニーズが高い子どもが入所する状況になれば，4人以下で運営できるようにすべきである。なお，この原則は児童養護施設のみならず，一時保護を担う施設，児童心理治療施設，児童自立支援施設にも当てはめる」としています。

5）母子生活支援施設

　母子生活支援施設は，児童福祉法第38条に「母子生活支援施設は，配偶者のない女子又はこれに準ずる事情にある女子及びその者の監護すべき児童を入所させて，これらの者を保護するとともに，これらの者の自立の促進のためにその生活を支援し，あわせて退所した者について相談その他の援助を行うことを目的とする施設」とあり，社会的に不利な状況にある母子が安心して過ごし，自立に向けて母子を支援するだけでなく，退所後の母子の支援も施設の役割として規定されています。2022年3月末現在の母子生活支援施設の数は，215カ所，定員4,441世帯，入所世帯3,135世帯，入所児童数5,293人です（「社会的養育の推進に向けて」）。

　表5-7の通り，「母子生活支援施設への入所理由は，『配偶者からの暴力』が50.7％（前回45.7％）で最も多く，次いで『住宅事情による』が16.4％（前回

15.9%），『経済的理由による』が12.8％（前回18.7％）」（厚生労働省，2020年）となっており，DV（ドメスティック・バイオレンス）や，雇用状況の悪化，待機児童の問題，母子家庭による厳しい社会状況により，施設の重要度は高まっています。

3　社会的養護に関わる専門職

（1）生活場面に関わる専門職

1）保 育 士

保育士は2003年の児童福祉法の改正により，国家資格となっています。現在，児童福祉施設の多くの施設（乳児院，児童養護施設，母子生活支援施設，児童心理治療施設，児童自立支援施設など）で，施設保育士・児童生活支援員（児童自立支援施設の職員資格の一つ，保育士，社会福祉士を有していることなどが求められます）で活躍していますが，児童福社法第18条の4には，保育士について「専門的知識及び技術をもつて，児童の保育及び児童の保護者に対する保育に関する指導を行う」と明記されており，保育士は「児童の保育」と「児童の保養者に対し保育に関する支援」を行うことがその職務であるといえます。

　子どもの最善の利益を考慮するためには，保育士が，児童に対して保育や養育を行うだけではなく，保護者や家庭が抱えている子育てに関する悩みや問題に対して，総合的に支援していくことが求められています。また，「児童福祉施設の設備及び運営に関する基準」にも，児童養護施設における「養護」について第44条において「児童養護施設における養護は，児童に対して安定した生活環境を整えるとともに，生活指導，学習指導，職業指導及び家庭環境の調整を行」うとある通り，社会的養護に関わる子どもやその家庭に対する支援は，保育所や地域の子育て家庭だけでなく，社会的養護の施設においても同様のことがいえるのです。

　そのため，保育士は生活指導や学習指導などの基本的な生活習慣の確立や，自立を促す支援や，家庭環境の調整は，保護者や家庭を中心とした支援が必要

であり，子どもが施設入所に至った要因（虐待，経済的困難，保護者の病気など）を改善することで，親子関係の再構築を図り，家族再統合を目指すこともその役割です。

2）児童指導員

児童指導員は教員免許や社会福祉士，精神保健福祉士の資格保持者並びに児童福祉法に定められている施設で2年または3年以上（最終学歴による）の実務経験があれば取得することのできる任用資格です。乳児院，児童養護施設の他，児童発達支援施設や放課後デイサービスなどの施設に配置されています。

3）個別対応職員

個別対応職員は虐待の増加による影響を受けた児童に対して1対1の個別的対応や，保護者の援助等を行い，被虐待児童への対応の充実を図ることを業務としています。

その施設の役割，目的に応じて，共通の課題を抱えた子どもたちが生活をしていますが，一人ひとりの子どもとその家族が抱える課題は様々であり事情が異なります。そのため，施設という集団生活の場においても，それぞれにあった個別の状況に対応していくことが求められるのです。

4）自立支援担当職員

自立支援員は，入所している子どものケアだけではなく，退所した児童のアフターケアを行い長期的な支援（パーマネンシー保障）を行っています。

5）母子支援員

母子支援員は，母子生活支援施設に配置される職員です。母子生活支援施設で生活する母親は，DVや離婚問題等で生活が安定しないケースや，経済的な基盤を失っているケースもあり，精神的なケアが必要な場合もあります。様々な生活課題のある母親に対して，就労支援のアドバイスや育児に関する相談，関係機関との連絡調整などを行い母親のサポート役を担っています。母子支援員の要件としては「児童福祉施設の設備及び運営に関する基準」第28条において，「都道府県知事の指定する児童福祉施設の職員を養成する学校その他の養成施設を卒業した者」や，保育士の資格を有する者，社会福祉士の資格を有す

る者，精神保健福祉士の資格を有する者の他，「学校教育法の規定による高等
学校若しくは中等教育学校を卒業した者，同法第90条第2項の規定により大学
への入学を認められた者若しくは通常の課程による12年の学校教育を修了した
者（通常の課程以外の課程によりこれに相当する学校教育を修了した者を含む。）又は
文部科学大臣がこれと同等以上の資格を有すると認定した者であつて，2年以
上児童福祉事業に従事したもの」とされています。

6）栄　養　士

　施設に配置されている栄養士は，子どもたちの成長に欠かせない食事の管理
を行い，栄養バランスの整った食事を提供するプロとして重要な役割を担って
います。すべての調理を調理員が行う施設もあれば，事前調理を調理師が行い，
仕上げの調理は生活場面を担当する保育士や，児童指導員が行う「半調理」を
行う施設もあります。どのような場合であっても，それぞれの子どもたちの持
っている食物アレルギーの管理や，職員の衛生管理に関する認識向上にも考慮
し安心安全な食事を現場に提供する役割を担っているのが栄養士です。

（2）生活場面以外に関わる専門職

1）施　設　長

　社会的養護施設の施設長は，組織のリーダーとして，施設内の職員や入所児
童と協力し，組織のビジョンや目標を達成するためのリーダーシップを発揮す
ることが求められています。また，施設長は，職員の指導や育成を行い，必要
なトレーニングや研修を提供することで，成長を促進します。

　施設長のリーダーシップや専門知識によって，施設の品質や効果性が向上し，
入所児童の生活の質が向上することが期待されています。

2）嘱　託　医

　嘱託医は，各施設の依頼によって，一定期間の診察や治療に従事する医師で，
子どもの健康診断や，医学的側面からの発達診断を行うことによって，子ども
のケア方針を立てるための情報の一つとして役立っており，生活場面で関わる
職員とは違った視点での見立ては，自立支援計画を立てるための必要な手立て

の一つとして重宝しています。

3）看 護 師

　乳児院に配置される看護師は，その他の専門職と連携し，乳幼児の保健・健康管理などの支援を行っています。また，障害児保育のケースにあたっては，痰の吸引や経管栄養などの医療的なケアも行う場合があります。

4）心理療法担当職員

　社会的養護の施設で生活する子どもたちは，様々な事情により入所しており，心に傷を負った子どもも少なくありません。そのため，子どもの心理的ケアは欠かせません。

　「児童福祉施設の設備及び運営に関する基準」第42条では，児童養護施設にあっては，「心理療法を行う必要があると認められる児童10人以上に心理療法を行う場合には，心理療法担当職員を置かなければならない」（同条第3号）とされています。また，「心理療法担当職員は，学校教育法の規定による大学（短期大学を除く。）若しくは大学院において，心理学を専修する学科，研究科若しくはこれに相当する課程を修めて卒業したものであつて，個人及び集団心理療法の技術を有するもの又はこれと同等以上の能力を有すると認められる者でなければならない」とされており，心理療法担当職員は，遊戯療法や心理カウンセリングを行うことで，子どもの負った心の傷をケアし，アセスメントした結果を現場職員に伝えることで生活支援につなげていきます。

　心理療法担当職員は，子どもの心理的ケアやアセスメント以外にも，職員に対するスーパーバイズや直接処遇に関する助言を行うこともあります。

5）家庭支援専門相談員（FSW）

　家庭支援専門相談員は児童相談所の児童福祉司と連携し子どもと保護者のつなぎ役を担っており，資格要件は，「社会福祉士，精神保健福祉士の資格を有する者，児童養護施設等において児童の養育に5年以上従事した者」（第42条の2）または，児童福祉司の任用資格要件に該当する者とされています。

6）里親支援専門相談員

　里親支援専門相談員は，児童養護施設と乳児院に配置される職員で，里親支

援ソーシャルワーカーとも呼ばれます。具体的な業務としては，児童相談所の里親担当職員などと連携して，所属施設における入所児童の里親委託の推進や，里親の新規開拓や，里親向けの研修，アフターケアとしての相談対応などを行います。

事後学習

① 社会的養護の対象となる子どもたちの支援について留意する点について検討しましょう。

② 施設外において連携協働機関にはどのようなものがあるのか確認しておきましょう。

注

(1) 文中の事例は，筆者が創作したものである。

(2) NHK 読むらじる。「虐待経験者の声を映画に——映画監督・山本昌子さん」NHK ラジオ らじる★らじる2023年9月1日アクセスを参照して執筆。

参考文献

厚生労働省「2022（令和4）年 国民生活基礎調査の概況——各種世帯別にみた所得の状況」2022年。

厚生労働省「社会的養護の現状について（参考資料）」2017年。

Wikipedia「山本昌子」（https://ja.wikipedia.org/wiki/%E5%B1%B1%E6%9C%AC%E6%98%8C%E5%AD%90，2023年8月16日アクセス）。

厚生労働省「ファミリーホームの要件の明確化について（概要）」2012年。

厚生労働省「里親制度資料集」2018年。

厚生労働省「児童養護施設入所児童等調査の概要」2020年。

厚生労働省雇用均等・児童家庭局長通知「乳児院運営指針」2012年。

厚生労働省雇用均等・児童家庭局長通知「児童養護施設運営指針」2012年。

厚生労働省雇用均等・児童家庭局長通知「児童自立支援施設運営指針」2012年。

厚生労働省雇用均等・児童家庭局長通知「母子生活支援施設運営指針」2012年。

厚生労働省雇用均等・児童家庭局「情緒障害児短期治療施設（児童心理治療施設）運営ハンドブック」2014年。

こども家庭庁「社会的養育の推進に向けて」2023年。

全国児童自立支援施設協議会「児童自立支援施設の高機能化等に関する検討委員会報告書」2023年。

全国社会福祉協議会・全国児童養護施設協議会「この子を受けとめて，育むために　多職種連携編　思いやりの輪の中で子どもを育む　養育に関する特別委員会報告書」2023年。

中山正雄監修・浦田雅夫編著『よりそい支える社会的養護Ⅰ』教育情報出版，2019年。

中山正雄監修・浦田雅夫編著『よりそい支える社会的養護Ⅱ』教育情報出版，2019年。

児童育成協会監修，相澤仁・村井美紀・大竹智編『社会的養護Ⅱ』（新基本保育シリーズ⑱）中央法規出版，2021年。

児童育成協会監修，相澤仁・林浩康編集『社会的養護Ⅰ』（新基本保育シリーズ⑥）中央法規出版，2021年。

櫻井奈津子編『新・社会的養護の原理』青踏社，2019年。

厚生労働省『社会保障審議会生活困窮者自立支援及び生活保護部会（第14回）資料3』，2022年。

内閣府「令和3年度子供の貧困の状況と子供の貧困対策の実施の状況」（https://www8.cao.go.jp/kodomonohinkon/taikou/pdf/r03_joukyo.pdf，2023年8月4日アクセス）。

MUFG三菱UFGリサーチ＆コンサルティング「令和2年度子ども・子育て支援推進調査研究事業　児童養護施設等への入所措置や里親委託等が解除された者の実態把握に関する全国調査【報告書】」2021年。

📖 さらに学びたい人のために

田中れいか『児童養護施設という私のおうち──知ることからはじめる子どものためのフェアスタート』旬報社，2021年。

　　──「休日は何してるの？」「おこづかいはもらえるの？」「親とは会うの？」といった素朴な疑問があると思います。この書籍は，7歳から11歳までの11年間を児童養護施設で生活していた，モデルの田中れいか氏が施設のリアルな生活，進学事情，親との交流，退所後の課題など，わかりやすく解説しています。児童養護施設職員，学校教員，行政等，子どもに関わる人の声も集められています。田中れいか氏の生い立ちを通して，児童養護施設で生活している子どもたちについて勉強しましょう。

宮口智恵『虐待したことを否定する親たち──孤立する親と子を再びつなげる』PHP新書，2022年。

　　──虐待した親と，その子を再び結びつける活動を行っている宮口智恵氏が，親子の「安心基地」をつくるために必要なことを解説しています。実際に虐待をしてしまった母親は，児童相談所に対して「あれはしつけの一環だ

った」と虐待があったことを認めません。この時，母親は何を考え，何を求めているのでしょうか。保育の現場に進むみなさんは，誰よりも先に子どもの虐待に気づける可能性があります。また，保護者から実際に虐待に関する相談を持ち掛けられこともあるでしょう。ぜひ，この書籍を読んで，そのような保護者対応について検討してみて下さい。

ささやなえイラスト，椎名篤子原著『凍りついた瞳』集英社，1995年。

　──社会的養護の施設で働く職員の多くは一度でも読んだことがあるという一冊で，身体的虐待，ネグレクト，性的虐待など，子ども虐待の現実を描いた，『親になるほど難しいことはない』を原作とする児童虐待のドキュメント・コミックです。「活字は難しいけど，もう少し勉強したい」という方にお勧めしたいマンガです。

<table>
<tr><td>第6章</td><td>社会的養護の現状と課題</td></tr>
</table>

── 本章の概要と到達目標 ──

（1）概　　要

　第Ⅰ部の最後の章となる第6章では，日本で生活する子どもたちの生活と社会的養護についてもう一度考えてみます。日本の子どもたちが，今どのような生活をしているのか，子どもが成長発達するために必要な社会環境の一つとして，社会的養護はどう関わっていくのか，そして施設養護を取り巻く地域との連携について考えます。そこで第1節では「社会的養護に関する社会的状況」について概観し，第2節では「施設の運営と管理」について確認していきます。また第3節では「社会的養護に関わる虐待防止・権利擁護」として，子どもの権利と近年大きな課題の一つとなっている施設内虐待について考えます。最後に第4節では「社会的養護の視点からみた地域福祉」として，「地域社会と子ども」「地域との連携・協働」について考えます。

（2）到達目標

①　社会的養護が必要となる社会的状況について理解する。

②　施設種別による運営管理費の流れについて理解する。

③　施設内虐待について理解する。

── 事前学習 ──

①　資本主義社会と民主主義社会の違いを調べてみましょう。

②　株式会社とはどのようなものか調べてみましょう。

③　社会的養護がなくなるためには，どのような支援が必要なのか論議してみましょう。

④　児童の権利に関する条約を読んでみましょう。

1　社会的養護に関する社会的状況

　社会的養護とは，社会が子どもを守り，成長と発達を保障していくことです。

子どもが成長し発達するに相応しい環境をつくること，それは現代社会の矛盾や問題を知り，解決するための仕組みをつくることです。社会の問題を知り，社会的養護としてどう対応しているのかを学んでいきます。

（1）子どもが暮らす現代社会の課題

　世界の多くの国は資本主義です。日本の社会に限らず世界的規模で資本主義の仕組み，制度がより企業の論理を優先したシステムに変化してきています。そのため日本では，勤労世帯の収入減が続いています。それは企業による度を越した利益優先によるものです。利益のためにより安い賃金と合理的な生産拠点を求めていくグローバリズムや正規雇用者を減らして非正規雇用者を増やし，正規・非正規への労働強化によって利益を上げています。ブラック企業・ブラック職場が増えているのもこのためです。企業の利益優先は，世界の富が世界の人口の１％の人に集中していると言われるまでになっています。そして，若い世代から高齢者まで貧困世帯が増加し，とりわけ子どもの７人に１人が貧困状態にあるのが日本の現状です。

　勤労世帯の収入の減少により，共働きの世帯が増加しています。また低賃金のため，結婚や子育てをあきらめる若者が増えています。このように，家族や子育てのあり方も変化させられてきています。また当然，経済的な理由で出産後もすぐに働かなければならない人も増加しており，少子化社会で出生数が減少しているにもかかわらず保育所が足りないという，一見矛盾しているような事態も起こっています。また一方では，保育士の労働条件改善が進まず，離職者が増え，保育士が足りないという状況もあります。学齢期の児童においても，教員の労働条件の悪化から同様の状況があり，正規職員を増やせず非正規職員がクラスの担任を受けもつ状況もあります。

　労働条件の悪化は，虐待や過労死の要因にもなっています。少しでも賃金を上げるため，役職を上げるために，時間外労働を増大させ，体や心を疲れさせていきます。その結果，子どもや家族にあたってしまったり，ストレスによる「うつ」などの精神疾患の発症や過労死に至るなど家庭生活を維持できなくな

る状況が生まれるのです。つまり，日本の社会システムによって社会的養護の主要な要因となる，親の離職，病気，精神疾患，離婚，虐待，DV，死別，家庭の崩壊に至るケースが多数起きています。

　こうした状況に，就職時の既卒と新卒の区別，女性差別，障害者差別の問題が追い打ちをかけます。女性や子育て中の女性は，特に一度仕事を離れるとなかなか正規職員として再就職できません。男性に比べ女性の再就職は難しいのです。子育て中の女性は，子どものために会社を休むなどが多いと思われ，企業側が雇用を渋ることによります。

　日本では，非正規雇用の労働者数は高止まりしたままです。この人たちの暮らしは，生活保護以下といわれ，本来行政の救済対象ですが，働いているなどのために支援を受けられない，制度そのものを知らない，そして生活保護を受けている人に対する「国に世話になっている」などといった中傷などのため，受けづらいのが現状です。また生活保護を受給していても，まったく余裕がなく苦しい生活が続き，子育て世帯では十分に子どもの生活と成長・発達を保障できない大変苦しい状況にあります。また貧困のため，あるいは，自らの生活を劣悪であると感じることなく，ひどい労働条件の中，社会との結びつきを失い孤立していきます。こうした孤立した人を支援に結びつけることも重要です。貧困などの多くの問題を抱えて生活している，そういう社会がいま日本にあります。

（2）日本の社会から見た社会的養護の必要性

　2022年，日本では婚姻件数が約50.4万件だったのに対して，同年の離婚件数は約17.9万件[1]でした。さらに，その離婚件数のうち少しさかのぼりますが，2020年統計では，未成年の子がいる離婚は10万5,318件となっており，離婚する家庭の57.1％は子どものいる家庭ということになります。また，子どものいる家庭の離婚は，84％が妻が親権を取っており，離婚による経済的負担は，女性が負っているのが現状です[2]。

　そもそも日本の女性が離婚後貧困にあえぐ理由として，結婚や出産によって，

半数近い人が働きたい意思があっても離職を選択したことによります。2010～2014年に第一子を出産した既婚女性のうち，出産後継続して仕事についている人は全体の53.1％であり，約半数が出産後に離職しているというのが現状です。その中で，「仕事を続けたかったが，仕事と育児の両立の難しさでやめた」と回答した人（正社員）の主な離職理由としては，「勤務時間があいそうになかった」（47.5％），「自分の体力がもたなさそうだった」（40.0％），「育児休業を取れそうもなかった」（35.0％）が上位を占め，そのほかに「職場に両立を支援する雰囲気がなかった」（25.0％）や「保育園等に子供を預けられそうもなかった」（17.5％）となっています。[3]

　これらの調査を見てみると，日本の社会では女性が仕事を続けながら子育てしていくには，大変な困難があることがわかります。先にも述べたように，一度離職すると，女性の正規職員としての再雇用は難しい状況にあります。中でも子育て中の女性は，非正規職員やパートの職以外に働く場を見つけるのが難しいといえます。しかし，低賃金でも生活のために働かざるを得ないというのが現状です。ひとり親家庭のとりわけ母子家庭は貧困に陥りやすい状況にあり，社会的養護を必要とする場合が多いといえます。

　また，近年増加傾向にあるのが児童虐待です。虐待増加の要因としては，特に身体的虐待などは，親のしつけとして容認されていましたが，近年，身体的苦痛を伴う親の懲戒権を認めないことになっています。虐待という行為は虐待する側に問題があるのは当然です。しかし，一方で子育てがわからず，生活に追われ，追い込まれて虐待をしてしまう親がいるということも忘れてはなりません。

　厚生労働省では，虐待が起きるリスク要因として次のような要因を挙げています。①保護者側のリスク要因として，妊娠，出産，育児を通して発生するものや，保護者自身の性格や精神疾患等の精神的に不安定な状態に起因するもの，②子ども側のリスク要因には，乳児，未熟児，障害児など，養育者にとっての何らかの育てにくさ，③養育環境のリスク要因としては，家庭の経済的困窮と社会的な孤立，ひとり親家庭や内縁者・同居人がいて安定した人間関係が保て

ていない家庭，親族などの身近なサポートを得られない家庭，生計者の失業や転職が繰り返される家庭，夫婦の不和，配偶者からの暴力（DV）など，④その他虐待のリスクが高いと想定される場合として，妊娠届が遅いことや母子健康手帳の交付を受けていない，妊娠中に妊婦健康診査を受診していないことなどや，きょうだいに虐待がある場合などが挙げられています[4]。なお，子どもが直接 DV を見ることは，子どもに対して精神的なダメージを与えることから，家庭内での DV は心理的虐待の一つに数えられています。

　こうしたリスク要因を家庭の中から排除し，虐待に向かうきっかけを減らしていく必要があると考えられています。総合すると，現代社会において，すべてが自己責任とされ，支援を受けることが恥ずかしいといった風潮などがあることに大きな問題があるといえるでしょう。本来，人は社会的な生き物であり，人や社会との関係は切り離すことができません。しかし人間関係の希薄化が進み，社会から孤立して，助けを求めることもできず苦しんでいる人がたくさんいるのです。なかでも，女性や子どもがその犠牲となっています。このように，現代社会では，環境や社会を変えるとともに，社会的養護の必要性が高まっているのです。

　では，その社会的養護は，どのようなシステムのもとで提供されるのでしょうか。次に，社会的養護の中心的な役割を果たしてきている各種施設がどのように運営され，提供されるのかということを見ていきましょう。

2　施設の運営と管理

　日本の社会福祉は，社会福祉基礎構造改革以降，どこにいても同じような質の高いサービスが受けられるように，サービスを選択する制度に改められてきました。また選択されるにふさわしい施設づくりを目指して運営されています。社会的養護に関わる施設は，その性格から措置制度の下に運営されている施設があります。これらの施設が，どのように運営され管理されているのか見ていきます。

表6-1　社会福祉法人の概要

	第1種社会福祉事業	第2種社会福祉事業	公益事業	収益事業
施設名	乳児院 母子生活支援施設 児童養護施設 障害児入所施設 児童心理治療施設 児童自立支援施設 障害者支援施設，等	障害児通所支援事業 障害児相談支援事業 保育所 児童自立生活援助事業 放課後児童健全育成事業 子育て短期支援事業 乳児家庭全戸訪問事業 養育支援訪問事業，等	子育て支援事業 有料老人ホーム 人材育成事業 支援事業	貸しビル 駐車場 公共的な施設内の 売店経営など
経営主体	行政及び社会福祉法人が原則 都道府県知事等への届出が必要	制限はありません		

出所：厚生労働省HP「社会福祉法人の概要」（https://www.mhlw.go.jp/stf/newpage_12799.html，2023年10月28日アクセス）を基に筆者作成。

（1）施設の運営主体

　施設の設置・運営主体は大きく分けて2種類あります。1つ目には公的な機関が設置する公設の施設です。公立といわれ，国や県・市町村が設置した施設です。公立の施設で，運営を同じ国や県・市町村が運営している施設を公立公営といっています。公立の施設でも，直接の事業運営を設置した自治体ではなく民間が実施している施設があります。これを委託といい，こうした施設を公設民営といいます。2つ目には民間の組織がつくり運営している施設を，民設民営といいます。

　ここでいう民間の組織として，社会福祉法人，医療法人，学校法人，NPO法人，営利法人などがあります。社会福祉法人ですが，社会福祉法第22条で「社会福祉事業を行うことを目的として，この法律の定めるところにより設立された法人」と定義されています。そして，同法第24条では，社会福祉事業を行う組織としての社会福祉法人について，どうあるべきか定めています。また表6-1にあるように，社会福祉法人は公益事業と収益事業を行うことができます。そして，医療法人は病院を経営するために，学校法人は学校を運営するためにつくられ，法律によって同様に規定されていますが，社会福祉関連の一

部の施設を運営することもできます。

　NPO法人は特定非営利活動法人といい，特定非営利活動促進法において規定された法人です。非営利を原則としています。このほかに営利法人があります。これは，社員権（株式）を有する株主の委託を受けた経営者が事業を行い，利益を株主に配当する仕組みの企業のことです。営利活動が目的の企業が運営します。このほかに公益法人などがあり，運営主体によって運営内容や運営方法が違うことがあります。

　また，社会福祉事業は表6-1にあるように，社会福祉法に定められている第一種社会福祉事業と第二種社会福祉事業に分けられています。

　第一種社会福祉事業は，原則公共団体（行政）か社会福祉法人が運営できると定められています。保育所や放課後等デイサービスなどは第二種社会福祉事業に入ります。設置したところ，運営しているところによって，同じ児童福祉施設でも支援や設備が異なってくることがありますが，施設ごとに大きく異ならないように，社会福祉法や児童福祉法によって運営の基準が決められています。また「児童福祉施設の設備及び運営に関する基準」によって種別ごとに最低基準が示され，さらに最低基準を県が条例で定めることになっています。県には最低基準を引き上げる努力義務が課されています。

（2）施設の運営

　施設の運営にかかる費用は利用者が支払う利用費と行政（国や県・市町村）が負担する公費で賄われます。運営にかかる費用はその施設の利用の方法によって変わります。この利用方法と運営費等について説明します。

1）保育所等の利用

　保育所，母子生活支援施設，助産施設は選択利用方式（保育所方式）という行政との契約によるものです（図6-1参照）。利用者が希望する施設を選択し，地方公共団体に利用の申込みをします。地方公共団体は利用者が選択した施設に対しサービス提供を委託します。なお，利用の申込みについては，母子生活支援施設と助産施設は福祉事務所となり，保育所は市町村となります。

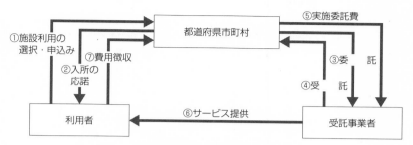

図6-1　選択利用方式（保育所方式）の流れ
出所：仲村優一ほか監修『エンサイクロペディア社会福祉学』中央法規出版，2007年を一部筆者改変。

2）児童養護施設等の利用

　措置制度（図6-2参照）は，児童養護施設，乳児院，児童心理治療施設，児童自立支援施設などの施設の利用方法です。利用者の要望の可否とともに，主に行政がサービスの必要性あるいはその可能性があると判断した場合，その量と方法・場所を行政処分として決定して実施あるいは提供するものです。措置利用は行政にその責任が問われるとともに，判断の有無や緊急性が高いなど利用制度に馴染まないものが措置制度として運営されています。たとえば保護者からDVや虐待を受けている児童は，利用の判断を虐待している親がすることになり，子どもの最善の利益を優先するとは考えられません。そのため，児童養護施設などは行政が判断し適切に措置する措置制度（措置方式）に基づいて運営されています。

　①相談というのは，児童委員，保育士などによって保護すべき対象となる児童が発見され通告された場合，あるいは対象児から措置権者である都道府県や市町村に直接相談があった場合などに行われます。②措置権者は相談や通告に対して措置を決定した場合，そのことを対象となる本人に伝えます。また措置権者は，③受託先となる事業所に措置委託をします。受託事業所は，④受託の旨を措置権者に伝えます。措置の受託が決まると，⑤定期的に措置委託費が受託した事業者に渡されます。通常，これは措置費といわれています。受託事業所は，⑥対象者（子ども）にサービスを提供します。児童養護施設など入所型

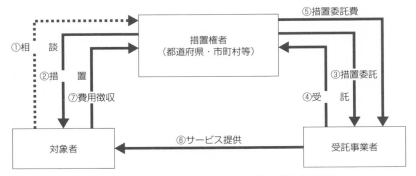

図6-2　措置制度におけるサービス利用手続きの流れ

出所：仲村優一ほか監修『エンサイクロペディア社会福祉学』中央法規出版，2007年を筆者一部改変。

の施設であれば入所となります。

3）障害児施設等の利用

障害児施設は，障害児施設給付費による利用契約制度となっています（図6-3参照）。保護者は，①障害児通所支援の場合は市町村に，障害児入所支援の場合は都道府県に支給申請を行い，支給決定を受けた後，利用する施設と契約を結びます。

利用者から，①障害児施設給付費の支給申請が都道府県，市町村などに提出された場合，②支給決定が都道府県や市町村から出されます。その際には，どのようなサービスが良いのか判定が行われます。

障害認定利用児はその決定を基に，事業者とどのようなサービスをどのように受けるのか，障害児支援利用計画やサービス等利用計画の策定が行われます。この計画を基に，③契約が行われ利用児に対してサービスの提供が行われます。現在，障害児入所支援，障害児通所事業所などにおいて，利用契約の際に障害認定を受けなくても児童相談所，市町村保健センター，医師等により療育の必要性が認められた児童には，利用が認められています。乳幼児の場合，障害の有無を判断することが難しい発達段階にあるためだからです。

なお，児童福祉施設およびその他の社会福祉施設は，給付費や措置費，利用

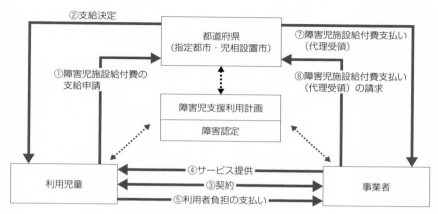

図6-3　障害児施設給付の仕組み

出所：厚生労働省「障害者自立支援法施行関係」を筆者一部改変。

料が運営費となります。この運営費によって，働いている人の待遇や施設の備品などが用意されていきます。

　利用の際の障害児支援利用計画の作成ですが，作成は「指定特定相談支援事業所」「指定障害児相談支援事業所」の相談支援専門員が作成します。本人や家族，支援者が作成することもでき，これをセルフプランといいます。これとは別に各事業所内においては，利用計画やセルフプランを基に事業所での個別の支援計画が作成されます。作成はサービス管理責任者が行います。

3　社会的養護に関わる虐待防止・権利擁護

　社会的養護に関わる現代社会の問題や施設の運営などを考える上で，「権利」を守るという視点は欠かせません。そこで，本書第1章や第3章など他の章でも学んできましたが，ここでも改めて権利擁護ということを考えてみたいと思います。

┌─── コラム10 優れていることと自己決定 ───┐

　「子どもは成長発達の途上で判断能力が劣るので，親や大人が代わって判断してあげなければならない」という人がいます。「子どもは黙っていなさい」といった具合に。それでは知的障害など障害のある人はどうでしょう。判断能力が劣るのかもしれません。行動が遅いのかもしれません。電車に一人で乗れないのかもしれません。その人たちは一生黙っている必要があるのでしょうか。自分のしたいことをいってはいけないのでしょうか。障害のない成人の方はどうでしょう。すべてが優れているのでしょうか。どこまで優れていると，自己決定できるのでしょうか。子ども，障害のある人，一般と言われる成人の人……，人としての違いって何でしょう。能力は何のためのものでしょう。能力比較は必要なのでしょうか。

└────────────────────────┘

（1）入所（利用）児童の権利擁護

　私たちは，障害があっても子どもであっても人として尊ばれることが最低限守られなければなりません。基本的人権はすべての人が守られるべきもので，どんな人でも生きて存在しているということが重要なことだからです。中でも子どもには，成長と発達の途上であるという特徴があります。それは時に未熟さを表すものです。未熟さは程度ではなく，まだ成熟には至っていないという過程を指します。未熟だから判断ができないということではなく，仮に程度とした時は，すべての人は，何らかのテストによって未熟か成熟の判断がされることになります。

　「児童憲章」（1951年）では，「児童は，人として尊ばれる」「児童は，社会の一員として重んぜられる」として，子どもを基本的人権をもつ者と規定しています。そして「児童は，よい環境のなかで育てられる」として，成長と発達する権利を社会が保障することを規定しています。

　また，1989年には「児童の権利に関する条約」が国連において採択されました（日本は1994年に批准。本書第1章，第3章参照）。同条約では，第2条において，国，人種，宗教，障害，性の違いなどによる差別を禁止し，第3条では，措置の原則として「子どもの最善の利益」が主として考慮されるものと規定してい

ます。また，第12条では，自己の見解をまとめる力のある子どもに対して，影響を与えるすべての事柄について自由に自己の見解を表明する権利（意見表明権）を確保することを規定しています。第18条では，親の養育責任と親への国の支援，援助について規定し，さらに第19条では，監護を受けている間における虐待からの保護について規定しています。そして第28条では教育権について規定しています。このように「児童の権利に関する条約」は，すべての人が保障されるべき基本的人権や尊厳について述べるとともに，子どもの権利として，新たな方向としての最善の利益，意見表明と尊重について述べています。福祉に関わる者は，これらの点について十分な理解を図り，支援・援助の際に，考慮する必要があります。

　また「児童の権利に関する条約」では，締約国は「児童権利に関する委員会」に締約後2年以内に，その後は5年毎に実施状況等について報告する義務があります。この報告に対して，「児童の権利に関する委員会」から勧告が行われます。これは国民が子どもの権利を奪うことがあり，行政が権利侵害を取り締まり，子どもの権利を国が保障する積極的な側面と国民の権利は常に国によって侵害される側面があるため，国民の不断の努力によって，これを保持しなければならないとされています。また，この勧告には，子どもの権利を守るよう国に対して主張していくというもう一つの側面があります。つまり，この勧告は，国連による監視と子どもとその国民への後押しとも考えられます。

（2）施設内の虐待

　児童福祉施設には，個々それぞれに問題や生活上の困難を抱えた子どもたちが利用あるいは措置されています。施設においては，そのような子どもたちを支えるために専門的な支援をする人が配置され，また外部の専門家との連携がとられています。残念なことですが，施設で適切な対応をすべき職員が虐待と思われる行為，あるいは基本的人権を侵害する行為等を行ってしまうことがあります。このことを施設内虐待（被措置児童等虐待）といっています。「被措置児童等虐待事例の分析に関する報告[5]」では，虐待が起きる要因として，①子ど

┌──── **コラム11　グレーな支援** ─────────────────────────┐

　職員は子どもや利用者との関わりの中で，言葉がけなどで迷うことがたくさんあります。現時点ではその方法しかない，他の方法が見つからない，少しおかしいかな，と思いつつやってしまう。そんな支援のことをグレーの支援ということがあります。施設内で議論をしたけれど，他に方法がなく仕方がない。どんなに議論してもこの方法しかない。そんな時があります。他の人もいっていた，やっていた，私だけじゃない，という時もあります。いろいろな場面で，みんなで点検をしていかないといつの間にかグレーの支援ばかりになってしまうことがあります。

　また，自分の権利が気づかないうちに侵されている時には，そのまま弱い立場の子どもや利用者に間違った支援をしてしまうことがあります。このようなことを避けるためにも，経験だけに頼らず学び続けることが大切になります。また，日常的に他の専門職と連携することが救いの道となります。

└───┘

もの行動を理解することの課題，②組織及び里親の家庭状況の課題，③職員等の課題，④児童相談所（措置機関）の課題，の４つを提示しています。

　特に①は，職員や里親が子どもの特性を十分に理解できない，あるいは対応に苦慮している職員側の問題が挙げられています。この問題は，保育所や幼稚園などにおいても共通の課題といえます。一生懸命話をしているのに，子どもの意図しない行動に苛立ちや怒りを感じ，少しずつ言動がエスカレートしてしまい，その結果，虐待に近い状況に至るケースもあります。そこには「先生は偉い」「子どもは先生の指示に従うべき」といった間違った優位性があります。

　このような場合，子どもの発達上の課題への対応が見出せない，体罰容認などの誤った権利観や養育方法などの問題が生じます。つまり，③にある職員の課題でもあります。また施設の職員は，給与が低いといわれています。それは社会的地位と同じだと捉え，賃金が高い人が成功者だと考えてしまいがちです。そんな生き方ではなく，生きがいをもって，子どもたちのために働く崇高な職についていることに誇りをもち働くことが素晴らしいのではないでしょうか。自分を偉く見せる必要はなく，子どもたちが幸せになる，無事に成長・発達す

ることを支えることを第一義的に考えることが大切なのです。

　自由度とは，自らの仕事を自分で組み立てる権限のことです。仕事に創意と工夫ができることです。施設内の職務上で自由度の低い人は，精神的な疲労感を感じることが多いようです。また精神的な疲れから苛立ちをつのらせていきます。こうした積み重ねが，虐待につながる危険があります。施設や事業所においては，仕事上の疲れが溜まらないように人員を増やし，相談場所などを用意するなど，一人に過大な業務や責任を負わせない体制の整備をしていくことが求められています。

　虐待予防には，まずは予防のための知識，体制づくりが必要となります。どんなことが虐待なのかを全員で確認し，どのような支援に変えることができるのか議論していく必要があります。そのためには，個々の利用者を知ること，支援のための知識を増やし支援する力を付けていくことが求められます。

　施設内の虐待は，予防・早期発見・対応の3つの視点が必要です。

4　社会的養護の視点から見た地域福祉

(1) 地域社会と子どもの生活

　地域社会とは，本来どのようなものだったのでしょうか。現代社会では，地域との結びつきの少ない生活は，気が楽で快適な生活であると考える人が多くいます。人々が干渉されず自由になったと感じる反面，人との関係が希薄化した地域社会は様々な問題を引き起こしています。

　人は社会的な生き物です。社会から離れては生きていけず，また多くのことを社会から学んでいます。近年，共働きや労働環境の悪化によって，子どもが家族と触れ合う時間が少なくなっています。文化の習得は，家庭の教育力だけでは限界があります。また学校だけでも伝えきれない状況があります。子ども集団を含めた地域は，モラルやルールの習得の場であり，互いの関係を知る場でした。少しずつ家族集団から地域集団に関心を移していくことは，健全な発達の証でもあります。子どもと親の関係は，年齢が上がるにつれて少なくなっ

ていきます。子どもの身体的な成長発達とともに行動範囲が広がり，母親との関係だけでは得られない体験を求めます。その場が地域や学校の子どもを中心とした集団でした。この集団との関係を補完しきれていない現状があります。

　そして，地域社会との関係の希薄化とともに，核家族化が継続していることにより，家庭の教育力がさらに低下しています。地域の希薄化は近年起きたことではなく，希薄な中で育った子どもが，母親や父親になっています。学ぶ場がなく育ち，子育てに直面しています。周りの目がないことは自由でもありますが，間違ったことをした時に注意されたり，他の人の行為を見て誤りに気づく機会は失われました。虐待の増加もこうした側面があると考えられています。

　また子どもの生活も遊びを主体としたものから，塾などの学びを主体としたものへと切り替わり，忙しい子どもが増えています。かつては地域全体が遊び場でしたが，近年では公園や学校の校庭などに遊び場が限定され，異年齢の遊び集団から小人数の同年齢の特定の集団へと変化し，さらに地域の遊び場から子どもの姿が見られなくなっています。

　今，地域社会では，貧困や様々な家庭状況などで，地域にある塾や稽古ごとなどの集団に参加できない子どもたちが，孤立してしまっています。同様に所属する会社組織が唯一といった，相談する人や場所をもたない大人もいます。地域に温かい人の目がなくなり，地域の人と関わる機会がなく，問題が大きくなるまで周りが気づけない状況があります。子どもたちの育ちを支える地域づくりが必要とされています。

（2）連携と協働

　地域社会には様々な目的で連携・協働を図ろうとしている組織があります。その一つに，町内会があります。これは，回覧板などで自治体の情報や地域の他の機関の情報の伝達などを行ったり，また地域の行事や催事，レクリエーション，地域の環境整備としての清掃活動や子ども会活動，防災などの中心的な役割を担っています。このほかに民生委員・主任児童委員は，地域で見守り活動をしているボランティアであるとともに，厚生労働大臣の委託を受けて活動

しています。生活上の困難を抱えている人の身近な相談相手として，また生活に困難をきたしている人を早期に発見し，適切な機関に結びつけるための活動もしています。

　また，人は何らかの機関や組織に属しています。具体的には，多くの人は，会社や団体等に所属し，子どもたちも幼稚園や保育所，小学校などに所属しています。これらの団体や機関を中心に生活困難な状況に陥らないように予防措置が講じられています。社内の健診などもその一例です。しかし，現代では雇用関係が正規雇用から非正規雇用が増加し，離職や離婚，貧困など様々な生活課題を抱えている人が増加しています。所属している組織の予防的措置を受けられず，行政の支援を受けることができず，生活困難な状態にある人が地域に点在している状況でもあります。行政の機関だけでは，発見し対応することが難しくなっています。

　こうした状況への対応として連携・協働があります。地域社会には社会福祉関連の機関や教育機関，医療機関などがあり，それぞれが目的に応じた役割を果たしながら，連携・協働し合っています。さらにその分野の連携や協働を軸により，より地域づくりについて協議しています。そして連携から協働の輪づくりが進められています。たとえば，一人の障害のある子どもがその地域で生活しやすいように，障害のある子どもを中心に機関が協議し連携しようとしています。一度つくられたその子どものための連携を維持し協働して他の子どものためにも応用できるように，また違ったニーズに対応できるように輪を強化しています。こうした輪が幾重にも地域社会にできてくることは，一度発見や相談の機会を逃しても次の機会に発見できる，相談できる状況をつくっていくことなります。それは本人や家族だけでなく多様な人が関わり合う地域になるということです。いろいろな生活に困難や課題を抱えた人に応用できる，そんな社会が望まれています。

　自立支援協議会（障害者の自立のため），地域ケア推進会議（高齢者のケアを必要とする人のため），子ども・子育て会議（子育てのため）・要保護児童対策地域協議会（要保護児童の発見と保護）など一人でも多くの子どもが困難から救われ

るように，多様な機関の連携が新たな地域づくりをしているのです。

　生活困難な状況にある人に適切な支援体制をつくり上げることは急務です。まだまだ十分整備されている状況にはありません。これを整備していくためには，地域の協働が必要となっています。各機関だけでなく，地域に住む人が発見者に回ってくれることが，制度の間で孤立している人を救済する手立てとなるのです。

5　社会的養護の変化——新しい社会的養護の提案

　2017年に「新しい社会的養育ビジョン」が提示されました。このビジョンは，児童福祉法の改正を契機として，「子どもが権利の主体であることを明確にし，家庭への養育支援から代替養育までの社会的養育の充実とともに，家庭養育優先の理念を規定し，実親による養育が困難であれば，特別養子縁組による永続的解決（パーマネンシー保障）や里親による養育を推進することを明確にした[6]」ものです。主な内容は，①市区町村の子ども家庭支援体制（子どもに合ったソーシャルワーク）の構築，②児童相談所・一時保護改革（一時保護の機能を2類型に分割。緊急一時保護とアセスメント一時保護），③里親への包括的支援体制（フォスタリング機関）の抜本的強化と里親制度改革，④永続的解決（パーマネンシー保障）としての特別養子縁組の推進，⑤乳幼児の家庭養育原則の徹底，特に就学前の子どもの，家庭養育原則を実現するため原則として施設への新規措置入所を停止，このため，遅くとも2020年度までに全国で行われるフォスタリング機関事業の整備の実施，⑥自立支援（リービングケア，アフターケア），などの内容を期限を付けて実施することとしています。

　このビジョンは，子どもが家庭で安心して暮らすことを目的としており，社会的養護を必要とした子どもだけでなく，すべての子どもを対象とすることです。虐待相談の約90%[7]は在宅での見守りとなっています。見守るだけでなく，家庭の親や子どもをどう支援していくのかを目的とすることにあります。そのための体制の整備です。子どもへの支援，戻るべき家庭への支援，そしてリプ

ロダクション・サイクルへの支援を行うための，ソーシャルワークの整備。社会的養護を利用することになった子どもたちへのリービングケアの充実による自立までの支援を実施することとしています。

事後学習

① 「新しい社会的養育ビジョン」を読み，どう具体化されているのか調べてみましょう。

② 「児童の権利に関する権利条約」をふまえ，日本が行った国連への報告，あるいは日本への勧告を読んでどのようなことか議論してみましょう。

注

(1) 厚生労働省「令和4年　我が国の人口動態」。

(2) 厚生労働省「人口動態統計特殊報告」(2023年10月28日アクセス)。

(3) 内閣府『少子化社会対策白書（令和元年版）』日経印刷，2019年。

(4) 厚生労働省「子ども虐待対応の手引き（平成25年8月改正版）」2013年。

(5) 厚生労働省・社会保障審議会児童部会社会的養護専門委員会被措置児童等虐待事例の分析に関するワーキンググループ「被措置児童等虐待事例の分析に関する報告」2016年。

(6) 社会保障審議会「『新しい社会的養育ビジョン』について（概要）」(2017年)(https://www.mhlw.go.jp/content/12601000/000345479.pdf，2023年10月28日アクセス)。

(7) 総務省行政評価局「要保護児童の社会的養護に関する実態調査 結果報告書」2020年12月（www.soumu.go.jp/main_content/000723069.pdf，2023年10月28日アクセス)。

📖 さらに学びたい人のために

高垣忠一郎『生きづらい時代と自己肯定感』新日本出版社，2015年。

　　——主題と離れますが，子どもたちが生きていく上で，家庭環境の問題がどのように子どもたちに影響しているのか考察しなおすことが可能です。子どもの成長と発達を考える上で貴重な知識を得ることができるでしょう。

近藤直子『療育って何？』クリエイツかもがわ，2019年。

　　——障害のある子どもへの地域にある支援事業所での子育て支援を中心に書かれています。保育所や幼稚園で障害のある子どもを支援することがあると

　　思います。そのようなときにぜひ読んでみて下さい。

石川康宏『社会のしくみのかじり方』新日本出版社，2015年。

　　――表題の通り，社会のこと，しくみのことをやさしく解説しています。近代
　　の社会の「どうして？」がわかります。なるほどがたくさん。ぜひ読んで，
　　私たちの社会を知って下さい。

第Ⅱ部

社会的養護の実際

<table>
<tr><td>第7章</td><td>社会的養護における子ども理解と支援</td></tr>
</table>

─ 本章の概要と到達目標 ─

（1）概　　要

　本章では，「社会的養護における子ども理解と支援」として，現場の実践をみていきます。はじめに，「新しい社会的養育ビジョン」を実践している，滋賀県にある児童養護施設「守山学園」の支援を紹介します。また，知的障害児施設の草分けである，京都市にある「白川学園」が行っている児童発達支援センター「ひなどり学園」の取り組みについて紹介します。さらに，京都市にある平安徳議会乳児院の親子支援についてインタビューを行いました。

　守山学園の支援については，「新しい社会的養育ビジョン」に基づいた支援体制であり，時代の要請に応じた支援として，今後の方向性を示唆するものと思います。また，ひなどり学園については，伝統的な知的障害児施設が，地域支援事業にどのように取り組んでいるかを学んでいただきたいと思います。さらに，親子支援の取り組を実践している平安徳議会乳児院の現場がどのようなものかを，インタビューから学んでいただきたいと思います。

（2）到達目標

① 「新しい社会的養育ビジョン」の実践について理解する。

② 地域支援体制について理解する。

③ 施設保育士の役割について理解する。

④ 保育実習1施設実習のポイントについて理解する。

─ 事前学習 ─

① インターネットにて施設の基本理念・方針について調べておきましょう。

② 事例を事前に読んでおきましょう。

③ 「新しい社会的養育ビジョン」の要求事項をまとめておきましょう。

④ 乳児の特性について調べておきましょう。

1　児童養護施設「守山学園」の実践と地域支援の構築

（1）児童養護施設「守山学園」の支援体制

1）「新しい社会的養育ビジョン」の実践への道のり

　守山学園は，浄土真宗木辺派の住職である近松幸磨が私財を投入して，1959年10月に開園した児童養護施設です。1990年2月，現在地（滋賀県守山市笠原町）に新築移転しました。2018年，新園長が着任した日に生活棟の床が抜けるという事態が発生し，ベランダも，老朽化し危険で立ち入れない状況でした。耐震構造に問題があることや，何より高年齢児の入所が増加し個室が必要にもかかわらず，大部屋ばかりで個室が確保できない，短期入所の依頼はあるが受け入れる部屋がない等，利用者ニーズに合っていないなどから，本園の早急な建て替えが課題として浮き彫りになりました。建て替えには資金が必要です。建て替えのための自己資金，借り入れ資金，その後の経営への影響など，様々な問題がある中，未知の世界ではありましたが，クラウドファンディングで資金を募ることになりました。資金集めは勿論のことですが，職員みんなで本園を建て替えるという「職員集団の団結」や社会に現状を発信するということも目的の一つでした。

　建て替えにあたっては，変化していくニーズに対応できるように施設の地域分散・高機能化を第一に考えました。具体的には，3つの地域に分散して施設を建設すること，また，本園には，子どもたちの将来を見据えた自立支援棟と今後のニーズが高まることが予想される地域支援として一時保護専用施設やショートステイ専用スペ

写真7-1　守山学園
出所：谷村太撮影。

表7-1　守山学園の児童定員数と職員体制

本体施設（子ども12人）	施設長（1人），副施設長（1人），統括主任（1人），養育課長（1人），個別対応職員（1人），児童指導員・保育士（12人），家庭支援専門相談員（1人），栄養士・調理師（3人），心理士（2人），事務員（2人），用務員（1人）
一時保護専用施設（子ども6人）	養育職員（4人）
分園型小規模グループケアユニット（子ども6人）	養育職員（6人）
地域小規模児童養護施設（男子，子ども6人）	養育職員（6人）
地域小規模児童養護施設（女子，子ども6人）	養育職員（6人）
地域連携室／相談支援事業所	室長（1人），里親支援専門相談員（1人），相談員（2人），自立支援コーディネーター（1人），家庭支援専門相談員（1人）

出所：筆者作成。

ースを設置すること，さらに，この事業計画を5年間で実行すること，です。

2）地域生活と支援体制

　守山学園は，本体施設に3つのホームと，一時保護専用施設を設けています。その他，近隣地域に小規模単位の施設を3カ所有しています。地域にある施設については，地元の自治会，及び子ども会に加入することで，より地域に根差した生活を営んでいます（表7-1）。

（2）専門性の構築と困難事例への取り組み

1）守山学園の研修体制──養育の継承への取り組み

　守山学園の園内研修は，養育職員全体で開催する研修と職位を軸にした階層別研修があります。階層別研修では人材育成の課題となる「養育の継承」が行えるように，OJT（On the Job Training の略で，施設内の実務を通して，技術や知識を学ぶこと）とは別に，現場が大切にしている事柄を直接的に伝達していく機会を確保しています。ここでは，知識や業務の手法だけでなく，学園が培ってきた養育の意義を織り込んだ時間となるよう，養育の意義，家族関係の理解，

協働についての視点などの内容を，年度によって変更するのではなく，その階層の職員が必ず受ける研修にしています。

　子どもへの関わりについては時間が経てば必ず上手くできるという単純なものではありません。定期的に開催されるホーム単位での会議において，担当職員を主軸に支援の状況や疑問の解消を図る意図も含めて，経験豊富な養育職員や心理職といった専門職の見解を交えながら検討を行っています。また年に数回，学園の養育職員全体でケースカンファレンスの機会を通じて，個々の子どもについて，状況の整理や支援の内容を客観的に見直す機会を設けています。担当職員が，またホームが個別支援の困難さを抱え込むことのないよう，その軽減に努めています。

2）事例を通じて見る子どもへの関わりの実際

事例7-1[(1)]

　小学1年生の鈴木信二君（6歳）はネグレクト（育児放棄）にあたる生活をしていました。親の居住地が度々変わることや，不定期な食事などから今の家庭で生活することは信二君の育ちに不適切な状況であると児童相談所が判断し学園に入所してきました。信二君は小学校では支援級に在籍しており，周囲への世話焼きの行動を発端に，自分の思うようにならないことからクラスメイトに手を上げたり，授業中に教室から飛び出したりする行動がみられました。ホームでも同様に，信二君の行動が周囲には受け入れがたいものになり注意を受けた結果，暴言や暴力を他児にも職員にも向け，良好な関係を築くことが難しい状況となりました。

　学校とは，「信二君がどのような気持ちで過ごしているのか」，また，その上で対応できることはないか，可能な限り信二君に分かりやすい一貫した関わりを行うことの必要性を共有しました。さらに，ホームとしては医療や発達相談といった外部機関の力も得ながら，信二君自身の理解に本人も職員も努め，信二君の生きやすさにつながるように支援を続けています。

　児童養護施設の子どもたちは，地域の学校に通っています。これが，児童自立支援施設や児童心理治療施設と大きく違うところです。周囲の環境と合わず

に事例の信二君のように不適切な行動に出ることは，児童養護施設ではよくみられることです。その場合，一番苦しんでいるのは本人であることを支援する者は理解しなければなりません。これは学校も同様であり，そのために，教育の場，生活の場の情報を共有し，一貫した支援を行うことが求められます。

3）地域支援の確立とネットワーク化の取り組み

　児童養護施設は入所児童支援だけでなく，地域の在宅家庭の支援にも取り組む必要があると考え，2019年，学園独自の事業として地域連携室を開設しました。学園機能を利用する子育て短期支援事業（ショートステイ）や，要支援家庭へのアウトリーチも行っています。

　ショートステイについては，守山市を中心に近隣の6市1町と契約をしています。定期的に市町担当者や県担当者が一堂に会し，情報交換や現在の課題と対応について協議をしています。行政の立場と，私たち民間が協力することで，より充実した子育て家庭のサポートができるように努めています。なお，合同会議を行うようになってから，問い合わせや利用が増えています。

　子育ての社会化に向けた法制度の改正と合わせて，実際に各家庭が施設の支援を利用することで施設に対するハードルを下げることが期待されます。また，利用する前から家族と職員の接点ができるようイベントの開催やSNS（ソーシャルネットワーキングサービス）を活用し事業の周知を図っています。

　個々のケースに柔軟に対応できるよう，他団体とも協力は欠かせません。滋賀県ではフリースクール等の情報を一括して得られない状況であり，湖南圏域（滋賀県南部）サポートブックの事務局を連携室に置き，作成の過程で各種団体へアウトリーチや意見交換を行いながら進めています。こうした活動も支援者同士のネットワーク形成となっています。

　子育ての孤立感緩和につながる活動が，やさしいまちづくりになると信じて，私たちは宿泊機能を備えた施設特性を活かした地域支援の拠点を目指しています。

（3）保育士実習で学ぶべき視点

　「新しい社会的養育ビジョン」には「施設養育に求められる高度な専門性」の中に，「治療的養育の提供や家族問題への支援は，子どもや家族の個々の支援ニーズに基づいて行われる，極めて個別性の高いものであり，集団力動に過度に依存した養育や，個別的関係性を軽視した養育は不適切である。従来のルールによる集団管理に依拠してきた生活のあり方も根本的に改めて，子どもと，生活支援を担う養育者（ケアワーカー等）との関係性に基づく生活の展開を図る必要がある」とあります。守山学園は，この支援を実践している施設です。谷村園長は，「人数が少ないということは，子どもにも，職員にも余裕があるということ」と話されていました。日課中心の生活から，子どもたちが生活をつくる家庭と同じような，施設を体験することにより，保育の本質を学んでいただけたらと思います。

2　児童発達支援センター「ひなどり学園」の実践と家庭支援の構築

（1）児童発達支援センター「ひなどり学園」支援体制

1）創設までの経緯

　児童発達支援センター「ひなどり学園」の経営母体である白川学園初代園長の脇田良吉は教師であり，敬虔なキリスト教徒でした。脇田は，「障害を持った子ども達と共に生活することにより，教育的効果も促進するのではないか」との思いの中から，施設づくりを創めました。

　1909年，京都市北白川で誕生した白川学園は京都市北区鷹峯に移転しましたが，鷹峯の近隣の住民

写真7-2　白川学園・ひなどり学園
出所：石飛伸子撮影。

による「農繁期の忙しい時期だけ子どもを預かって欲しい」との願いから，1945年，「ひなどり学園」の前身である，「鷹ケ峰保育園」が白川学園内に誕生しました。

「鷹ケ峰保育園」では，1951年に発達の遅れがある子どもを受け入れ，保育の拡大を行いました。さらに，1954年，全国に先駆けて発達の遅れのある幼児専門の特別保育クラスも設置しました。その後，1955年，京都市の全面協力を受けて通園バスでの送迎が始まり，「特別保育クラス」は「ひなどり」として定員30名で正式開所しました。さらに，1960年「鷹ケ峰保育園」は廃止され知的障害児通園施設「ひなどり学園」へと変更しました。「ひなどり学園」は，2012年，児童福祉法の改正により「児童発達支援センター」になっています。

2）地域との交流と支援体制

「白川学園」は京都市北白川から鷹峯に移転してからも地域とのつながりは強く，かつては毎年夏になると地域と園との共催で盆踊りを行っていました。夏の一夜，盆踊りには屋台も出てにぎやかに園庭で行われ，終了後は職員と地域の方との交流会も行っていました。

また，最近では「ひなどり学園」の子どもたちを連れて，近隣の醤油蔵，近くのお寺の見学や，史跡である「御土居」にも登りにいくなど地域とのかかわりを大切にしています。なお，「御土居」とは，豊臣秀吉が京都の都市改造の一環として築いた土塁のことで，今でも遺跡として京都市内に点在しています。

支援体制は表7-2のとおりで，園長は白川学園と兼務していることから，日常支援は，副園長1名，児童発達支援管理責任者1名，常勤保育士・児童指導員15名，非常勤職員1名で体制を組んでいます。

3）日中一時支援

1980年代，卒園生を対象に学校の夏休み期間，サマースクールを試みました。当初は在園児と別の部屋で保育を行っていましたが，共に過ごすようにしました。現在は，制度に基づく「日中一時支援」となり，土曜日や放課後など日常的に卒園生が園を利用するようになっています。

表7-2　支援体制と利用者の障害状況

職員状況	人　数（名）	利用者（障害名）	人数（名）
園　長	1	知的障害	52
副園長	1	自閉症・自閉的傾向	17
児童発達支援管理責任者	1	対人相互性反応の障害	5
保育士・児童指導委員	16（内，非常勤1）	難　聴	1
通園バス運転手	2（非常勤）	ダウン症	1
事務員	1	脳留（先天性垂直距骨）	1
栄養士	1	てんかん	1
調理員	1	喘　息	1

注：対人相互性反応とは，自閉症スペクトラム症の症状の一つで，相手の立場になって言動することができない，共感性が乏しいなどの行動がみられる。また，先天性垂直距骨とは，生まれつきの足の変形をきたす疾患で，足の土踏まずに変形がみられる。
出所：筆者作成。

（2）専門性の構築と困難事例への取り組み

1）家庭が危機的状況になった時の支援

　学園では，保護者の状況に合わせての支援を行っています。たとえば，母親が出産で入院し，この間に家庭内や近隣で子ども（園児）の世話をする人がいない場合，園児への宿泊対応（短期入所）も実施しています。また，両親がなんらかの理由により，園へ送迎が困難になった場合，職員による個別送迎や，家族が迎えに来られる時間帯まで預かり保育も実施しています。

事例7-2

　自閉的傾向が強く，落ち着きがない，立花悠君（5歳）が，「急性虫垂炎」になり，緊急入院をしました。母親から「病院から，付き添いを求められたが，仕事があり子どもに付き添うことができない」との連絡が入り，副園長から担当保育士の吉田さん（28歳）へ病院にすぐに行くよう指示がなされました。

　悠君はひとり親家庭で，母親は事務の仕事をしており，どうしても仕事を休むことができない状況にあるとのこと。また，病院では，「子どもの状況がわからない，事故につながる恐れがあるため付き添いを置いてほしい」とのこと。吉田さんは病院の状況と母親から話しを伺い，園に帰り協議を行いました。協

表7-3　日　課

平　日 （月曜日から金曜日）		土曜日 第1.3.5保育，第2.4休園	
時　間	流　れ	時　間	流　れ
8：15	園バス出発	8：15	園バス出発
9：50	園バス帰園	9：50	園バス帰園
10：00	排泄・出欠確認	10：00	排泄・出欠確認
10：15	朝のおあつまり	10：15	朝のおあつまり
	点呼・紙芝居・保育内容の確認		点呼・紙芝居，保育
10：35	月，火…園庭遊び，散歩など	10：35	リトミック，降園準備
	水，木…年齢別保育		
	金　…製作，お出かけ		
11：00	室内遊び	11：00	降園
11：30	年長児…配膳手伝い		
11：50	手洗い		
12：00	昼食		
13：00	午睡／遊び		
14：15	降園準備，排泄		
14：30	帰りのおあつまり		
15：00	園バス出発		

注：通常保育時間は10時から15時までですが，家庭事情に応じて，最大8時から18時まで，預かり
　　保育を実施しています。
出所：筆者作成。

写真7-3　「1にちのながれ」

注：保育室の壁面に張り，「朝のおあつまり」の際に，子ども達にその日の予定を伝えます。
出所：石飛伸子撮影。

議の結果，緊急事態のため，取りあえず，1週間のローテーションの中で，対応できる職員を挙げシフトを組むこと，母親が対応できる日を聞き，お互いに悠君を支え合う体制を組むことを決定しました。

　担当の吉田さんは，そのことを病院と，母親に伝え，病院での注意事項と付き添いの体制について，看護師と話し合いました。母親からは安堵の言葉とともに，先の見通しがついたことによる感謝の言葉が述べられました。

　この事例のように，子どもの緊急事態に対応するには職員の協力が不可欠です。施設保育士の「何かお手伝いをしたい」との思いが，解決策を見出すことにつながります。

2）施設支援を基にした支援

　学園では，表7-3のように日課に基づき支援を行っています。さらに，児童・保護者の状況に合わせた家庭支援が行えるよう心がけています。たとえば，胃ろう（直接，経管などで栄養を摂取する）の子どもや，痰の吸引が必要な子どもたちに対して，病院等の指導を受けて対応したことがあります。また入院していた児童の退院後，家庭訪問し，児童の家庭内保育や保護者相談などを行ったこともあります。このような支援については，「施設機能を施設の外にも持ち出す」というひなどり学園の歴史の中で育まれた発想でした。

（3）保育士実習で学ぶべき視点

　児童発達支援センター「ひなどり学園」の支援のあり方の基礎となっているのが，知的障害児施設「白川学園」です。入所施設の支援は24時間，児童へ支援を行うため，児童の安全確保については勿論ですが，職員一人ひとりの「気づき」を基にした，子どもへの観察が大切になります。

　特に，歩行，移乗，移動，排尿，排泄，食事などの介助の状況を把握し，子どもが持っている障害，脳性麻痺（アテトーゼ型，痙直型等），視野狭窄，発達障害（自閉症，注意欠陥多動症等）などの，障害状況を把握し，危険予知をすることが必要になります。

　このような施設で実習を行う場合，施設支援の基本を理解することが大切になります。その基本の一つが，支援の時に子どもが見えない「死角」を生じさせないということです。たとえば，園庭で子どもが遊んでいる場面を想定すると，園庭の真ん中に立つと半分が死角になります。全体が把握できる位置は後ろに何もない建物の壁を背にして立つことです。これは，部屋や浴室でも同様です。子どもの中には「てんかん発作」をもつ子もいます。浴槽内で発作が起こった場合，水の中で倒れると同時に，息を大きく吸い込むことがあります。このようなことから，特に浴室では，浴槽を背にしての支援は厳禁になります。

3　「新しい社会的養育ビジョン」と乳児院の現状と課題

（1）「親子支援の現状と課題」についてインタビュー

　インタビューについては，京都市にある平安徳義会乳児院で行いました。インタビューに答えていただいたのは，乳児院の保育士を35年経験されている統括主任の竹田里佳さんです。

　1）平安徳議会乳児院の概要

　会場の平安徳議会乳児院は1933年に乳児院の制度がない中，乳児預かり所として開所されました。なお，当乳児院は2017年に建て替えを行っており，大舎制の建物から4グループの小舎制建物とし，職員も固定し，より愛着形成に配慮したものにしています。「新しい社会的養育ビジョン」が出されたのは，同年の8月2日のため，新しい社会的養育ビジョンを意識しての建築がなされています。定員は20名，職員体制は表7-4のとおりです。

　2）「新しい社会的養育ビジョン」と乳児院

　新しい社会的養育ビジョンは，乳児院に新たな事業展開を要求しています。乳幼児の入所支援は，特別なニーズのある子どもに限定し，乳児院という名称も使わず，フォスタリング機能を含めた，家庭支援事業の創設を検討し，その事業に移行するというものです。

表7-4　支援体制

院　　長	副院長	家庭支援 専門相談員	個別対応 職員	里親支援 専門相談員	保育士	看護師
1	－	1	1	1	14	6
心理士	栄養士	調理員等	書　　記	嘱託医	心理SV	合　　計
1	1	2	2	1	1	35

出所：社会福祉法人平安徳義会HP「基本理念・養育指針　乳児院」(http://www.heiantokugikai.
or.jp/business2.html, 2023年7月30日アクセス)。

（2）インタビューの概要

　2023年7月31日，平安徳義会乳児院にてインタビューを実施しました。インタビューについては，4つの質問からお答えいただきました。（　　）内は編者（大塚良一）の発言です。

1）親子支援の取り組み

　精神疾患を持った親御さん[(2)]が多くなっています（平成30年「児童福祉施設入所調査」では乳児院への入所理由として母親の精神疾患が23.2％になっています）。家に帰すのはリスクが高いという場合は，職員も同席させていただき見守りながら面会をしてもらっています。（職員を同席させないと難しいのですか。）かなり難しいです。（具体的にどのような支援を行うのですか。）赤ちゃんの抱き方から，ミルクのあげ方，おむつ交換の仕方，沐浴の仕方，離乳食の作り方，すべてです。大きくなると遊び方です。それから，食事の進め方など，すべてです。（時間はどのようにつくるのですか。）面会は，午前，午後に分かれますので，2時間ぐらい，親御さんによっては1時間というのもありますが，その間，寄り添っています。（支援を行っているのは，施設を利用している20人の保護者と考えてよいのですか。）はい，そうです。

　（それ以外の方の支援というのはないのですか。）里親さんが，実子がいなくて預かってもらう場合，子どものことがわからないという場合に同じような支援をしています。本当に，子どもを知らない方は，夜の子どもの姿，夜に泣いてミルクを欲しがる，そういう場面も見ていただかないといけないので，この部屋に泊まって，夜の様子，朝方の様子を体験していただいています。（年間どれく

らいあるのですか。）今は少し減っていますが，7ケースほどです。

2）困難事例

　（今までに難しいと感じた事例はありますか。）少し，失礼になりますが，親御さんの中には養育能力が低い方がいて，その場合，子育てや子どもをみる目ができていなかったりします。また，うつ病や統合失調症などの精神疾患を持っている方の中には，人とのコミュニケーションが難しい方がいます。（そういう方には，どのような関わり方をされていますか。）はい，とにかく，こちらを信用していただき，なんでも話せるようにすることです。けっこう色々なことに対して不満も持っているのですが，そういうことも普通に話せるようになってこそ，こちらも，「そういうことをしたら駄目だよ」と言えるようになります。特に，話す時間を多くとるようにしています。いきなり赤ちゃんをどうみていくのかという指導をしても受け入れられないので。

　（子どもの状況はどうですか。）ここにいる間は，健全に育っています。ただ，成長していく段階で，他の子どもとの差が出てきます。また，このようなケースで一致しているのが，親が孤立しているということです。自分たちの親との関係が薄いとか，全く無いということもあります。頼るところがないという状況です。（そのようなケースは，ここを出た時にどうつなげていくのですか。）地域の保育所に入れるよう，児童相談所と一緒にみんなで勧めていきます。地域の見守りがあるように，保育所，「子どもはぐくみ室」(3)などとの関係を構築し，地域担当の児童相談所に引き継ぎます。

3）フォスタリング機能

　（里親へのフォスタリング機能について教えて下さい。）京都市で行っているフォスタリングではなく，委託になった乳児に対してアフターケアとして家庭訪問を行っています。また，電話で様子をお聞きしたりしています。里親さんの方も，節目，節目で来ていただいています。たとえば，こんど小学校に上がるのですがとか，中学に上がるのですがとか，その節目に来ていただいています。また，年賀状のやり取りも行っています。（ここで，里親委託をした親御さんとの関係は強く結んでいるということですね。）そうです。

4）今後の乳児院の役割

　今までのような措置児童は減るということは，わかっています。これからのニーズとしては，障害を持った子ども，たとえば，ダウン症の方で，3歳を過ぎても行く所がないというケースがありました。障害児施設ももう少し大きくならないと受け入れられないということで，そういうお子さんを看るということは考えています。

　（発達障害のケースもありますか。）あります。

　昔の赤ちゃんと，今の赤ちゃんでは違いがあります。（どこが違いますか。）昔は，新生児さんは手をぎゅっと握って穏やかに寝ていました。そして，ミルクとかウンチが出たとか熱いとかでグズグズしました。しかし，今の赤ちゃんは手を開いています。また，とっても体が動きます。だから自分の動きで，安眠できないということがあります。（何で，そうなったのですか。）原因はわかりませんが，その子らが大きくなると，ミルクを飲まない，離乳食を食べないという難しい時期を経て，どっかにこだわりを持ったりします。その子どもの特性が少し見えたりします。「何が」ということは，私たちにはわかりませんが，たとえば，早産であったり，低体重児であったりが影響しているのではと，その子どもが少し大きくなった時に感じたことはあります。（みんなが，みんなという訳ではないのですね。）いや多いです。寝ている間に，ビクンビクンと動きます。それに反応し泣いてしまいます。昔みたいに，新生児は寝るものというイメージはありません。何でこう赤ちゃんが変わったのかはわかりませんが。

　また，今後，色々な意味で療育を必要とするお子さんが出てきます。そのような時に，支援を提供できるよう職員のスキルを上げていくことが大切だと思っています。今までと同じ支援では，子どもは預かれないと思っています。

（3）施設の持つ機能と役割——インタビューからの考察

　乳児院などの児童福祉施設は，多くの入所児童のケース（事例）に対応しています。このケース対応は，類型化することはできても，対応や支援は変わっていきます。なぜなら，子どもの個々の条件は異なり，特性も違います。たと

えば，「ミルクを飲まない子ども」というケースに対して，ミルクを飲ませるという支援を行いますが，なぜミルクを飲まないのか，子どもの持っている特性なのか，親との関係の問題なのかなどの背景を考えます。その上で，どうすればミルクを飲めるようになるのか，子どもの様子，ミルク温度，環境，時間などを明確にし，ケースカンファレンスを行います。ケースカンファレンスとはケースに関して，協議するとともに支援方針を示す場でもあります。メンバーとしては，栄養士・心理担当職員・保育士や必要によっては児童相談所の児童福祉司が加わります。つまり，「ミルクを飲まない子ども」という類型化はできますが，一つひとつのケースに対する対応や支援は違ってきます。多くの児童への支援を通して得た知識や体験が，施設の持っている蓄積された支援技術です。

　「家庭と同様の養育環境」の中心になる養子縁組する里親は研修は受けますが，多くの場合，夫婦で子どもに対応しなくてはなりません。複数の事例を専門家で共有し，蓄積された支援方法から方針を設定する施設とは違い，個別的な支援になります。そのため，フォスタリング（里親養育包括支援）システムが必要になります。

　この施設で蓄積された支援は，親子支援に関しても活かされます。

　2016年3月に報告された，みずほ情報総研の「社会的養護関係施設における親子関係再構築支援の取り組みに関する調査報告書」によると，児童養護施設では表7-5の通りで調査時点において，家庭復帰が望めない子どもたちの割合が，児童養護施設で71.9％（目標B，Cの合計），乳児院では63.6％（目標B，Cの合計）になっています。また，目標Bの「家庭復帰が困難な場合は，一定の距離をとった交流を続けながら，納得しお互いを受け入れ認めあう親子関係を構築する」については，児童養護施設で51.9％，乳児院では43％にもなっています。「納得しお互いを受け入れ認めあう親子関係を構築する」には，個々の事例に対するアセスメントを行い，時間をかけ，親子の関係を取り戻していくことが大切です。

　このような多くの事例から得た支援の蓄積が，インタビューにある「養育能

表7-5　2015年10月1日時点に在籍していた親子関係再構築支援の目標別該当児童数

	児童養護施設（人）	％	乳児院（人）	％
目標A	3,912	25.4	582	33.3
目標B	7,986	51.9	752	43.0
目標C	3,081	20.0	360	20.6
その他	413	2.7	54	3.1
計	15,392	100.0	1,748	100.0

注：目標A：親の養育行動と親子関係の改善を図り，家庭に復帰する。
　　目標B：家庭復帰が困難な場合は，一定の距離をとった交流を続けながら，納得しお互いを受け入れ認めあう親子関係を構築する。
　　目標C：現実の親子の交流が望ましくない場合あるいは親子の交流がない場合は，生い立ちや親との関係の心の整理をしつつ，永続的な養育の場の提供を行う。
出所：こども家庭庁資料。

力が低い方」「うつ病や統合失調症などの精神疾患を持っている方」の支援に活かされます。なお，インタビューの中にある「今の赤ちゃんは手を開いている」という指摘は，現場からの警鐘でもあります。保育士として，この問題をどう捉えていくかは，これからのみなさんの課題の一つでもあります。

事後学習
①　施設養護，家庭養護の違いについて整理しましょう。
②　子育てに関する地域の支援体制について整理しましょう。
③　里親へのフォスタリング機能について整理しましょう。
④　保育実習Ⅰ施設実習で学びたいことを整理しておきましょう。

注
(1)　本章における事例は，施設職員とともに筆者らが作成したものである。
(2)　「親御さん」とは，親に対する敬称で，「ご両親」という言い方もできますが，「親御さん」の場合は，父または母のどちらかのみを指して使うこともできます。
(3)　「子どもはぐくみ室」とは，京都市で行っている子育て相談・支援サービスの名称。各区役所・支所保健福祉センターに設置されています。
(4)　新生児が手を握るのは，把握反射と呼ばれる原始反射の一つです。概ね1歳頃になると見られなくなります。

参考文献

みずほ情報総研「社会的養護関係施設における親子関係再構築支援の取組に関する調査報告書」こども家庭庁 HP（https://www.cfa.go.jp/assets/contents/node/basic_page/field_ref_resources/f1b2c250-757b-4d70-80e3-594ea41b20bb/96170d24/20230401_policies_shakaiteki-yougo_syakaiteki-youiku-suishin_35.pdf，2023年 8 月 10日アクセス）。

📖 さらに学びたい人のために

えがしらみちこ（絵）／子どもの権利・きもちプロジェクト（文）『ようこそ こどものけんりのほん』白泉社，2023年。

　──本書は子どもに対して，子どもの権利を説明しています。また，絵本という形でわかりやすく紹介しています。子どもは「守られる存在」から権利の主体へと変化しています。子どもの意見にどう耳を傾けていくのか，親や保育士などの課題でもあります。「あなたのしあわせは　あなたなしには　きめられない」「だから　あなたのきもちは　とってもだいじなんだ」と優しく説明しています。また，ユニークなのは絵本カバーの裏側に児童の権利に関する条約の54条のうち子どもの権利を定めた40条がわかりやすく掲載されています。子どもとともに，昔，子どもだったすべての人に読んでいただきたい本です。

谷川俊太郎（文）Noritake（絵）『へいわとせんそう』ブロンズ新社，2019年。

　──へいわのボク，せんそうのボクというように，へいわとせんそうを対比させ戦争の怖さを伝えています。また，単純な絵の中に，てきも人間，みかたも人間というものが静かに伝わってくる絵本です。「平和」という根底が崩れてはいけないという思いが強まる中で，平和を学ぶ大切な本です。

<table>
<tr><td>第8章</td><td>施設養護の生活特性および実際</td></tr>
</table>

─ 本章の概要と到達目標 ─

（1）概　　要

　保育を学ぶ学生にとって，児童福祉施設での生活を学び，利用している子どもたちの気持ちを理解することは大変難しいことだと思います。なぜなら，私たちの身近にそれらの施設がないからです。

　そのため，本章では第1節では，児童福祉施設の基本的事項について学び，入所児童の虐待状況について整理しました。また，第2節では，事例を通して実際の子どもたちの生活について考察できるようにしました。さらに，第3節では「演習を通して，社会的養護の理解を深める」では，児童養護施設利用者の生活と職員による支援について，学びを深められるようにしました。

（2）到達目標

①　児童養護施設における児童支援の概況を学ぶ。

②　児童養護施設を利用する児童の心情を理解する。

③　施設実習後の整理の仕方を理解する。

③　施設保育士の専門性について理解する。

─ 事前学習 ─

①　児童養護施設の入所児童の概況について調べておきましょう。

②　事例について自分なりの考え方をまとめておきましょう。

③　施設実習で体験しことをまとめておきましょう。

④　KJ法について調べておきましょう。

1　施設養護における生活

　ここでは，代表的な児童福祉施設である児童養護施設[(1)]の生活および日課について学びます。

（1）施設での生活

　児童養護施設の生活と聞いた時に，どのようなことをイメージしますか？大きな部屋で，大人数で寝食を共にするといったイメージをもっている人もいるかもしれません。児童養護施設では，幼児から高校生の子どもたちが生活をしていますが，「個室」なんてないと思っている人もいるかもしれません。

　確かに施設によっては，相部屋で多人数の子どもたちが生活を共にするところもあります。その生活規模も，20人以上で生活を共にする形態をとっているところもあれば，10人以下で生活をするところもあります。

　このように施設は，生活を共にする人数（養育単位）により，大舎制，中舎制，小舎制と形態が分かれています。それぞれの形態にメリット・デメリットがあり，一概にこの形態は良くないとはいえません。しかし，国は施設の小規模化を進めており，家庭的な環境で養育することを目指しています。

（2）児童福祉施設での生活

　児童養護施設の1日の流れを，表8−1に例示しました。幼児から高校生までの集団ですので，それぞれの生活リズムは大きく違います。幼児・小学生の場合，基本的な生活リズムを身に付けていくことが大切であり，幼児に対する添い寝や，就寝の時の絵本読みなどは愛着形成に必要となってくる行為でもあります。また中学生に関しては，将来に向けての進路や受験指導が必要であり，高校生については，アルバイトなどの社会体験を行っていることも多く，施設で過ごす時間が少ないため，幼児や小学生が寝てからの会話が大切となります。

　児童養護施設などの施設における勤務特性として，24時間の生活を複数の職員で交代しながら支援するため，引継ぎと呼ばれる業務が大切となります。多くの児童養護施設の場合，児童全体の動きを午前9時ごろの時間帯に，宿直から日勤に引き継ぎます。その時に，小・中学校で対応すべき事項，子どもたちの動き，スポーツ少年団などの地域との関係についても確認し合います。また，各生活単位の宿舎には，パソコンやノートにそれぞれの勤務時間帯にあった子どもたちの細かい要求や連絡事項が書かれているものがあります。これは，ロ

表8-1　児童養護施設の職務（参考例）

1日の流れ	保育士の業務
6：30　起床・洗面	引継ぎ（宿直→早番）
朝食準備・配膳	朝食準備・配膳
6：45　朝食	朝食（子どもたちとともに保育士も朝食）
7：00	幼児起床・着替え手伝い・洗濯
7：15　登校準備	持ち物の確認
7：30　小学生登校	見送り
8：30　朝食の片づけ	食器片づけ，洗濯・洗濯干し
9：00　幼児登園	幼稚園バス停まで送る
	引継ぎ（宿直→日勤）を行う
9：30　洗濯・掃除等	※全体引継ぎで行う施設が多い
12：00　昼食	洗濯物振り分け
13：00	引継ぎ（日勤→遅番）
15：00　小学生帰宅	小学生受け入れ
幼児帰宅	バス停まで迎えに行く
	引継ぎ（日勤→宿直）
15：30　宿題・入浴等	宿題の確認・連絡帳の確認・記入 お風呂のお湯入れ，幼児の衣類・タオルだし等（入浴は半数に分け実施）
18：00　夕食準備・配膳	夕食準備・配膳
18：30　夕食（幼児・小学生）	夕食（子どもたちとともに保育士も夕食）
※中・高校生の場合は部活があるので随時	※中・高校生の食事用意
19：00　入浴準備・入浴	幼児入浴介助，片づけ
19：30　夕食の片づけ	夕食の片づけ（炊飯等の朝食の準備）学校からの
宿題学習	連絡等の確認・持ち物の準備
19：45　幼児・小学生低学年就寝準備	日誌・引継ぎ簿記入
20：00　幼児・小学生低学年就寝	※幼児の場合，就寝準備は職員が行い，必要に応じて添い寝や絵本の読み聞かせなどの介助。小学生は見守り
21：00　小学生就寝	遅番者からの連絡事項の確認
21：30	遅番者退勤。戸締り確認
22：00　中学生就寝・高校生帰宅確認	夜間巡視
23：00	日誌・記録記入・定時夜尿起こし実施
0：00	夜間巡視（2時間毎に巡視）

注：「早番」6：30～15：00，「遅番」13：00～22：00，「日勤」8：30～17：30，「宿直」15：00～翌朝9：30。
出所：筆者作成。

ーテーション勤務の職員全体で，子どもたちの情報を共有し，要求に対応して
いくために必要となるものです

2　事例を通して学ぶ施設養護の実際

（1）心を育む支援

　児童養護施設の入所理由で一番多いのが，母親の放任・怠惰4,045人（15％），
次いで，母親の精神疾患等4,001人（14.8％），母親の虐待・酷使3,538人（13.1
％）となっています。このように母親自身に問題があり入所してくる子どもも
多く，子どもたちはそのような母親の背景を知らずに，母親にお願いをしてし
まうことがあります。事例8-1では，子どもたちの色々な期待に，母親が添
うことができないために生じた事例です。

事例8-1　夏休みのお出かけでのトラブル

　小学5年生の佐藤京子さん（10歳，入所2年目）は，学校の友達がディズニ
ーランドの話をしているのを羨ましく聞いていました。なぜなら，京子さんは
ディズニーランドに一度も行ったことがないからです。そんな時，京子さんが
入所している施設で寮ごとの夏休みの「お出かけ」の話し合いがもたれました。
小学6年生の山田亜弥さん（11歳，入所5年目）は，キャンプ場でバーベキュ
ーをしたいとの提案をしました。しかし，京子さんはディズニーランドに行き
たいと話をしました。京子さんの入所している施設では，20人で一つの寮が形
成され，男子と女子がそれぞれ寮の中で10人ずつに分かれて生活しています。
寮の「お出かけ」は幼児から高校生まで全員参加する行事でディズニーランド
に行くとすると，電車で移動し2時間ほどかかることになります。

　亜弥さんは京子さんの提案に対し，「1日で行ってくるには，幼児さんもい
るし無理じゃない？」と話しました。京子さんはそんな亜弥さんと喧嘩になっ
てしまいました。亜弥さんは少し興奮し「そんなに行きたいなら，お母さんに
連れて行ってもらえばいいじゃない」と言い，京子さんの提案を断ち切ってし
まいました。担当の坂口保育士（10年目）も「ディズニーランドは少し遠いか
な」と話し，亜弥さんの提案を支持しました。

　多くの児童養護施設では，家庭的体験をさせたいと，夏休みに旅行やキャンプを計画します。近年では，個別対応を重視し，担当と小グループ・個人での旅行を企画することもあります。また寮の行事の中心になるのは，多くの場合，小学校高学年の女子です。この事例でも，小学校高学年の京子さんと亜弥さんが喧嘩になり，結果として，幼児さんをディズニーランドに連れていくには支援体制が難しいとの理由で，亜弥さんが提案したキャンプ場でバーベキューを行うことになりました。

事例8-2　お母さんの面会

　佐藤京子さんのお母さん佐藤恵子さん（36歳）が8カ月ぶりに面会に来ました。恵子さんは離婚後，以前から勤めていた運送会社の事務をしながら，一人アパートで生活しています。また，体調も不安定であり，ほとんど面会に来ることができません。しかし，娘である京子さんには，一緒に生活できず，施設に入れてしまったことをすまないと強く思っています。そのため，面会には必ずお土産をたくさん持ってきます。

　京子さんはお母さんに，「今度の休みにディズニーランドに連れて行ってほしい」とお願いしました。お母さんは，今，仕事が忙しく，突然呼び出されることも多い状況ですが，娘の頼みでもあり承諾しました。約束した当日，まだ日が昇る前から，京子さんはお母さんを施設の門のところで待っていました。スポーツ少年団のサッカーに行く子どもたちが，「京子，何している？」と声をかけると，「お母さんとディズニーランドに行くの」と楽しそうに答えていました。しかし，お昼近くになってもお母さんは来ません。坂口保育士がお母さんに連絡を入れましたが留守電になっており，連絡が取れません。午後になって，サッカーの子どもたちが帰ってきて，「京子，まだ門の所にいるよ」と坂口保育士に話しました。坂口保育士は，さっきから何度も京子さんに「今日は，お母さん都合が悪くなったのよ。ご飯食べよ」と話していますが，京子さんは「まだ待っている」と動きません。

　午後10時近くになって，疲れて果てて門の所で寝ている京子さんを，坂口保育士が負ぶって部屋まで連れていきました。

　児童養護施設の家族との交流については、「交流なし」が19.9％になっています。また「交流あり」の内容としては、「電話・メール・手紙」9％、「面会」28.8％、「一時帰宅」33.8％になっています。家族との交流頻度で、「電話・メール・手紙」においては、「年2回〜11回」が高く58.7％で、「面会」では「月2回〜11回」が高く64.3％になっています。また、乳児院の場合は「交流なし」が21.5％であり、「電話・メール・手紙」が3.4％、「面会」が55.3％、「一時帰宅」が14.1％になっています。⁽⁴⁾

　この事例のように、施設に入所させていることに対して子どもにすまないと思っている保護者はたくさんいます。しかし、保護者自身の生活もあり、約束が叶わないで子どもを傷つけてしまう場合もあります。保育士は、そのような子どもたちと寄り添いながら生活をしています。

事例8-3　保育士の支援

　その後、京子さんは些細なことで幼児や小学校低学年の子どもにあたるようになってしまいました。中学3年生の須藤久美さん（15歳、入所8年目）は、京子さんが入所した時から友達であり、京子さんのことが心配になり坂口保育士に相談しました。坂口保育士は、お母さんのことがあり京子さんの気持ちが荒れているのがわかり、強く言うこともできず困っていました。そんな時に、久美さんからの相談があったので、京子さんがディズニーランドに行くのを楽しみにしていたことを話しました。久美さんは「それなら、私が京子とディズニーランドに行ってあげる」と話してくれました。

　坂口保育士は加藤寮長にそのことを話し、久美さんとディズニーランドに行かせたいと提案しました。加藤寮長も「久美さんなら京子さんのことをよく知っているし、京子さんも心を開いてくれるだろう」と提案に賛成してくれました。また、加藤寮長は坂口保育士に、お母さんに連絡し面談するよう指示を与えました。坂口保育士は何度もお母さんに連絡を入れ、やっと面談することができました。お母さんは、当日は仕事が忙しく、京子さんには悪いと思いながら、行くことはできなかったことを話してくれました。また、友達の久美さんが京子さんをディズニーランドに連れて行ってくれることを話しました。

　児童養護施設のような集団生活の良い点は，縦割りの交友関係があることです。普段はよそよそしい顔をしている子どもたちでも，落ち込んでいる子どもや悲しんでいる子どもには，兄弟に近い言葉をかけてくれる時があります。久美さんも京子さんを妹のように思い声をかけてくれました。また，お母さんとの面会については，坂口保育士が京子さんの心の傷が大きいと判断したため，すぐにお母さんに会わせるのではなく，事情を聴き，その事情を京子さんに伝え，お母さんと会いたいかを確認し，その上で面会の機会をつくるようにしました。

事例 8 - 4　お母さんとの面会

　久美さんと京子さんはディズニーランドに行き，京子さんも心の内を久美さんに話し，落ち着きを取り戻してきました。

　坂口保育士はお母さんと面談をしたことを伝え，お母さんは仕事が忙しく行くことができなかったことと，京子さんに申し訳ないと謝っていたことを話しました。京子さんはしばらく黙っていて，「私には久美ちゃんがいるから」とそっと話しました。坂口保育士は何も言わずに，京子さんを見ていました。しばらくして，京子さんから「お母さんの仕事って本当に忙しいの？」「お母さん大丈夫かな？」との言葉がありました。坂口保育士は「お母さんに会いたいの？」と確認し，「会いたい」との京子さんの言葉により，お母さんに連絡を入れました。数日して，お母さんと面会が行われました。その時には，京子さんは落ち着いて「お母さん仕事大変なの？」と尋ね，お母さんも京子さんに会いに来るためにいろいろな人にお願いしていることを話しました。坂口保育士は，2人の会話から，お互いを思いやっていることを感じ，安心してその場を離れました。

　トラブルを起こした関係を修復するのは簡単ではありません。多くの時間が必要となる場合もあります。保育士は関係修復を焦らず，子どもの気持ちの変化を読み取り，子どもの気持ちを尊重しながら対応していくことが大切になります。この事例でも，京子さんの気持ちの変化を読み取ることがポイントになります。相手に合わせて寄り添うことは，相手を尊重し，一つひとつの言葉を

大切にしていかないとできません。それには，普段からの子どもたちとの信頼関係を築いていくことが大切になります。

（2）「大きな心の傷」への支援

　児童養護施設の場合，教育については地元の学校に通うことが前提になっています。そのため，ネグレクトなどの虐待で，学校に通っていなかった子どもや，精神的に不安定な子どもなどは，学校で多くのトラブルを引き起こすことがあります。学校との関係は，同時に地域との関係でもあります。同じ地域から通っている子どもたちとの人間関係が良好な場合は，地域の施設に対する理解も得られることが多く，反面，学校でのトラブルが多い場合は地域との関係が難しくなってしまう場合もあります。

　ここでは，事例を通して，学校やその他機関との支援連携について考えてみましょう。

事例 8 - 5　入所時の出来事

　武田健司君（小学 5 年生，10歳）が児童相談所の星野ケースワーカーと一緒に児童養護施設に入所してきました。健司君は父親と二人暮らしをしていましたが，父親が行方不明になり，本人一人がアパートに置き去りにされたため，大家さんからの通報で児童養護施設に入所となりました。健司君は身長150 cm，体重 50 kg ほどの大柄な児童です。「健ちゃんはね」などの幼児語と思われるような言葉づかいをしていましたが，ほかには特に問題になるようなことはありませんでした。

　しかし，岩田保育士（8 年目）と食堂で話していると幼児の何人かが食堂に入って来て，幼児の一人が「おデブちゃん」と言うと，健司君は急に興奮し，机を拳で叩き怖い形相になりました。岩田保育士は慌てて，幼児との間に入り，「どうしたの？」と健司君に話しました。健司君はしばらく黙っており，その後，何もなかったように食堂から出て行きました。

　緊急に保護された場合，児童相談所も児童についての多くの情報をつかんでいない場合があります。また，個人情報保護法の観点から，最小限の情報しか

児童養護施設には伝えない場合もあります。このような場合，担当となった職員が児童を観察しながら，他の児童との関係を築いていくことが大切となります。

事例8‒6　学校での出来事

　武田健司君が入所してきてから3カ月後，担任の橋本先生から児童養護施設に連絡が入りました。学校に来てから，仲良くなった友人の川田君を殴ってしまったとのことです。原因は，体操服が少し小さめだったため，川田君がそれを見てからかったからとのこと。からかう前までは，普通に笑っていたが，「その体操服ちっこいんじゃない」と笑いながら言ったら，急に殴りかかってきたとのこと。怪我自体はたいしたことはないが，友達がみんな怖がってしまったとのことです。

　その後，児童養護施設の中でも同じ学年の女子の山田さんと話している時に，急に顔色が変わり首を絞めたとの報告が入りました。担当の岩田保育士は本人と面談し，「暴力は絶対いけない」と話をしましたが，うつむいて涙を見せているだけで，何の返答もない状態になってしまいました。困った岩田保育士はケースカンファレンスを実施したいと前田寮長に申し出ました。

　ケースカンファレンスの場合，担当である岩田保育士が入所からのケースの状況についてまとめ，問題点を整理し，今後の支援方法について提案がなされます。健司君の場合，「なぜ，暴力を突然振るうのか」の情報収集を行い，当面の対応として，学校での状況と施設での生活について，両者が共通理解できる場を設けることを決めました。具体的には，週に1度，岩田保育士が学校に出向き橋本先生と情報交換を行うこととしました。また，児童相談所に連絡し母親の状況について確認をすることも提案されました。

事例8‒7　母親と面談

　岩田保育士が児童相談所の星野ケースワーカーに連絡を入れ，母親の状況について知りたいとのことを話しました。しばらくして，星野ケースワーカーから返答があり，母親は，父親のDV（ドメスティックバイオレンス）のため母親

の実家で保護されており，健司君と一緒だと父親が探す恐れがあるため，置き去りにしたとのことです。その後，母親の武田由美子さんが，星野ケースワーカーと一緒に児童養護施設に来所し，母親から父親の健司君に対する虐待についての話を聞きました。父親は厳しい人で，父親が帰宅し，食事中に健司君が泣くと父親が暴力をふるうため，父親が帰宅する前に母親は健司君を寝かせていたとのことです。また「男は馬鹿にされてはいけない，殴られたら殴り返せ」とよく言い，健司君に対しても頭を拳骨で殴っていたとのことです。母親は父親の存在が怖いのと，健司君を置き去りにしたことへの後悔から会わずに帰るとのことでした。

　岩田保育士は前田寮長に報告し，星野ケースワーカーと今後の方向性について検討しました。

　母親の存在は，このケースのキーパーソン（key person）となります。キーパーソンとは人間関係の中で大きな影響を全体に及ぼす「カギとなる人物」のことです。当初は，父親に置き去りにされ，身体的な虐待等はなかった家族と思われていましたが，虐待による心の傷があることが判明しました。前田寮長は施設内の心理療法担当職員に相談し，健司君の心の傷についての対応を模索する方向を示しました。同時に，学校との連携をどう行っていくかを課題としました。

　この事例の場合，前田寮長が，健司君の暴力が父親の虐待と何らかの関係があるのではとの判断から，心理療法担当職員につなげました。心理療法担当職員も「健司君自身が暴力はしてはいけないと思っているが，暴力をしてしまう」ことに注目をし，定期的な面談につなげていく方向性を示しました。また，児童相談所には母親との定期的な情報交換を依頼し，面会までの目標を設定しました。

事例 8-8　学校との連携

　その後，健司君は徐々に学校に通えなくなってしまいました。また，学校に行っても保健室で過ごすことが多くなりました。岩田保育士は定期的に学校に行き，学年主任である山岸先生と連絡し合うようになりました。岩田保育士，山岸先生は，学校に行けない時に健司君が施設でどう過ごしているか，また，学校になぜ行けないのかを話しているうちに「健司君の心の傷」の大きさを感じるようになりました。

　山岸先生は健司君が学校に通えない時には，必ず放課後，施設を訪問し健司君に会いに来てくれました。同時に，岩田保育士も心理療法担当職員の「健司君の心の傷を癒すためには母親との関係修復が大切である」とのアドバイスから星野ケースワーカーに連絡し，母親との関係調整を行うように努めました。しばらくして，星野ケースワーカーから母親が施設での話し合い（合同ケース会議）に参加することの承諾を得たと連絡がありました。

　健司君の話し合い（合同ケース会議）には，健司君の母親と，小学校の山岸先生，星野ケースワーカー，富田心理療法担当職員，岩田保育士，前田寮長が参加しました。まず，健司君が施設に入ってからの状況説明を岩田保育士が行い，学校での状況，登校できない状況について話し合いが行われました。母親は，自分以外の多くの人が健司君のことを理解し，心配していることに対し「申し訳ない」との気持ちを打ち明けました。また，富田心理療法担当職員からの「健司君は，心のどこかで守られていなかった自分を感じている」との指摘から，母親は，自分が夫との関係の中で逃げていたことを話しました。

　心に傷を負った子どもたちの支援には，担当保育士だけでは解決できない問題が多く含まれます。この事例でも保育士，ケースワーカー，教員，心理療法担当職員などの多くの人が知識を出し合い，共有していくことによりその道筋が見えてきました。しかし，ここからが始まりであり，このような関係をいかに継続していくのかは担当である保育士などの力量によるところが大きいと思います。特に，施設で働く保育士は，利用者への支援とともに，各関係機関との連絡調整を行うコーディネートの支援方法が必要となってきます。

3　演習を通して施設養護の理解を深める

　保育を学ぶ学生の中には，カリキュラムの都合上から，保育実習Ⅰ（施設実習）を経験する前に，本授業（社会的養護Ⅱ）を行う場合と，実習を経験してから本授業を受ける場合があります。たとえば，実習経験者と未経験者との間には，表 8-2 に示すような違いがあります。保育士としての技術を向上させていくには，体験した実習での出来事を整理し，他の人との考え方と照らし合わせていく作業（スーパービジョンの取り組み）が大切になります。ここでは，実習体験前の演習と実習体験後の演習に分けてみました。

（1）実習体験前の演習

　実習前には，児童福祉施設の個別課題について整理しておくことが大切です。これには，一人ひとりの興味・関心のあるものに視点を当てることが必要です。

> ── ✏ 演習 8-1　施設のことを調べてみよう ──
>
> 　次の児童福祉施設（乳児院，母子生活支援施設，児童厚生施設，児童養護施設，障害児入所施設，児童発達支援センター，児童心理治療施設，児童自立支援施設，児童家庭支援センター）のうち，興味がある施設について，施設の目的，対象児童，職員配置，日課，問題点と課題についてまとめましょう。

　保育を学ぶ学生の多くは，保育所保育士を目指していると思います。最初から保育所以外の施設に興味・関心をもって学んでいる学生は少ないでしょう。しかし，保育士の仕事は，保育所を含めた児童福祉施設で働く仕事です。児童福祉施設を調べることにより，施設で生活する子どもたちの状況や保育士の役割について理解を深め，保育士の仕事の幅の広さを理解することが大切です。

（2）実習体験後の演習

　保育実習Ⅰ施設実習を体験した学生については，スーパービジョンとしての

表8-2　実習未経験者と経験者との施設利用者に対するイメージの違い

学　　生	児童養護施設の子どもについての印象
A 実習未経験者	虐待を受けていたり，家庭環境が少し複雑な子ども。いろいろ抱えているのだと思うし，施設で職員の方たちのもとで，元気に生活しているイメージ。でも，本当に甘えられる人がいないのではと感じる。
B 実習未経験者	親の虐待等で入所しているので，人との関わりを拒絶している。あるいはおこりっぽい性格である。人との関係で暴力は普通のことだと思っている。または非常におびえている。自分を見せたがらないと感じる。
C 実習経験者	実習前は暗い子・表情が乏しい・暴力的などと思っていたが実際に実習に行ってみると普通の子と変わらないのだと思った。外の子よりできることが多く，下の子の面倒見が良いなど，良い面もあることを知った。
D 実習経験者	一人ひとり異なるものを背負っているが，自分の状況や過去を受け止め一生懸命生きている子どもたち。保護者と一緒に暮らすことはできないがそれが幸か不幸かはその子どもによって異なる。家庭で暮らす子どもと比べ，より深い愛情が必要である。

出所：筆者作成。

取り組みが必要です。これは「なぜ，児童福祉施設の職員は子どもたちにあのように支援をしているのか」を考える取り組みでもあります。

── ✏️ 演習8-2　施設実習を振り返って(5) ──

① 演習テーマ　「施設実習で学んだこと，感じたこと，感動したこと。」
② 目　　標　インタビューを通して，自らの実習体験を再確認するとともに，福祉施設の理解を深める。
③ 演習の概要と進め方
　　2人組になり，15分間のインタビューを行う。
　　　・実習施設の概要
　　　・実習施設の利用者状況
　　　・実習の目標
　　　・実習を通して学んだこと
　　　・実習の中で大変だと思ったこと
　　　・実習で感動したこと
　　　・実習で楽しかったこと，など
④ インタビューのポイント
　　インタビューは「実習を通して，福祉施設をどう理解したか」を知ることを

目的とする。

　インタビューでは「施設の概要」「実習で楽しかったこと」「実習でつらかったこと」「施設での人間関係」「実習で感動したこと」「記録簿などの提出状況」など，できるだけ多方面から話を聞く。

　※傾聴の技術について確認する。

　※個人情報の取り扱いについて説明しておく。

⑤　インタビューの整理（10分間）

　「施設の概要」「実習で楽しかったこと」「実習でつらかったこと」「施設での人間関係」「実習で感動したこと」「記録簿などの提出状況」などをまとめ，その人が実習で学んだことの全体像をつかむ。

⑥　インタビューの発表（ペアごとに3分程度）

　施設種別で発表させ，担当教員からそれぞれの施設について解説を行う。

　また，実習体験を整理するにはブレインストーミングでの話し合いを行い，カードを利用しKJ法で図示し，発表することも有効です。ブレインストーミングのテーマは「施設で生活する子どもたち」，「実習で感じたこと・考えたこと」などとし，カードを作成し，それを模造紙に貼り，「同じようなカード」を集約させ，それぞれ名札を付け，関係性をつけていくものです。KJ法の提唱者である川喜田二郎は「ブレインストーミングで吐き出したいろいろなアイディアのみならず，この方法の『精神に沿って』吐き出された情報は，たんに枚挙するだけではなく，組み立てられなければならない。なんらかの構造あるものに組み立てなければいけない。その組み立てにあたって，いわば統合を見出していくのに使うのが，のちに述べるKJ法である。これは構造づくりである[6]」と言っています。

　一人ひとりが，実習を通して気づいたことを構造化していくことにより，新たな気づきが生まれるとともに，施設理解を深めることになります。

```
┌─── コラム12　ブレインストーミング・KJ法 ───┐
```

　ブレインストーミングは，アレックス・F・オズボーン（A. F. Osborn）により考案された会議方法の一つです。自由なアイディアを求めるため，批判や判断，結論を出さない，自由奔放，奇抜なアイディアを歓迎，様々な角度から多くのアイディアを求め，出されたアイディアの統合や変化をさせるなどのものです。これはアイディアを集団で出し合うことにより様々な発想を誘発することを期待する技法です。KJ法は，川喜田二郎が考案したデータを集約し新たな発想を生み出すための手法です。KJとは考案者のイニシャルです。データをカード化し，カードをグループにまとめ関係性を構築し，図解にまとめていくものです。共同作業にも用いられ，集団でアイディアを出し，図解にまとめる作業の中で，発想・想像の過程を経て，問題解決の糸口を見つけていくことにも活用されています。

──── 事後学習 ────

① 　児童養護施設に関係した本を読み，事例について再度見直してみましょう。

② 　子どもの支援について話し合いましょう。

③ 　施設実習で体験したことの中で，保育士として重要なことをまとめておきましょう。

④ 　KJ法でまとめたものを発表しましょう。

注

(1) 　第5章参照。

(2) 　厚生労働省「児童養護施設入所児童等調査結果（平成30年2月1日現在）」2020年1月。

(3) 　本章における事例は，児童養護施設の職員とともに筆者らが作成したものである。

(4) 　厚生労働省，前掲(2)。

(5) 　小野澤昇・田中利則・大塚良一編著『保育の基礎を学ぶ　福祉施設実習』ミネルヴァ書房，2014年，212頁。

(6) 　川喜田二郎『発想法──創造性開発のために』中央公論社，1967年，61頁。

📖 さらに学びたい人のために

近藤千恵『人間関係を育てるものの言い方』大和書房，1995年。

　　——自分をどう表現するかは，自分のことを知ることから始めることが大切と
　　　なります。しかし，厄介なのは「自分を知る」にはどうしたらよいのかと
　　　いうことです。本書はトマス・ゴードン「親業」を紹介した筆者がいろい
　　　ろな人間関係の中で自分の出し方を探ったものです。自分を知るため，ま
　　　た，相談支援の基本的事項を整理してくれる本です。

佐々木正美『はじまりは愛着から——人を信じ，自分を信じる子どもに』福音館
　　書店，2017年。

　　——子育てについて著者は「子育ては人間関係を作っていくことであり，その
　　　人間関係は，夫婦にしろ，親子にしろ，家庭の中だけで成熟することはあ
　　　りません」と言っています。児童精神科医の筆者が独特の視点で子どもと
　　　の関係について語っています。子どもを理解するための一つとして一読願
　　　いたいです。

第9章	家庭養護の生活特性および実際

本章の概要と到達目標

（1）概　　要

　児童の権利に関する条約や児童福祉法では，「家庭における養育環境と同様の養育環境」において子どもを養育することが求められています。わが国の里親委託率は欧米主要国と比べて非常に低い状態であるともいわれ，委託率の向上が目指されています。

　本章は，里親制度が一般にまだあまり知られていない制度でもあることから，家庭養護である里親制度と，そこから派生したファミリーホームの現在の状況を確認します。

　「子どもの最善の利益」を守るための家庭養護とはどのようなものなのか，それを実現するために何が必要とされるのかを，現状をふまえたうえで，事例や演習を通して考えていきましょう。

（2）到達目標

①　家庭養護の生活特性を理解する。

②　家庭養護を支える保育士の機能と役割を理解する。

③　子どもの最善の利益を保障する家庭養護のあり方を検討できる。

事前学習

①　第3節までの事例・演習を除く本文を読み，わからない用語の意味を調べましょう。

②　自身の居住する自治体のホームページにある「里親」のページを閲覧し，重要だと思う内容，関心のある内容を自身のノートに書き写しましょう。

1　家庭養護の特徴

（1）家庭養護としての里親制度

　2016年の児童福祉法改正で，家庭で適切な養育を受けられない時は，家庭に近い環境での養育を進めることとされました。家庭に近い環境とは，①養子縁組による家庭，②里親家庭，③小規模住居型児童養育事業（ファミリーホーム）のことです。「家庭養護」とは，これらの家庭に近い環境の中で子どもたちを養護することを指します。家庭養護の特徴は，里親等の家庭の中で子どもたちと生活を共にすることにあります。私たちは，家庭の中で親や兄弟などと関わり，家族の形や親の役割を学ぶといわれていることを考えても，子どもたちが家庭の中で育つことは非常に大切です。また，特定の大人との安定した関わりは，愛着形成にも良好な影響を与えます。

　しかし，家庭と近い環境であるからこそ，戸惑いを覚える子どもがいるのも事実です。次の事例を読み，家庭に近い環境で子どもたちを養護するとはどのようなことなのか考えてみましょう。

> **事例9-1　里子の抱える複雑な思い**
>
> 　児童相談所の一時保護所で保育士をしている鈴木友子さん（3年目）には，気になる子どもがいます。それは小林夏郎君（11歳）という小学5年生の男児です。小学1年生の時に母親が死亡し，児童養護施設へと入所しました。入所前には，一時保護所を利用し鈴木保育士も保育を担当していました。一時保護所では亡くなったお母さんのことを思い出して泣いていることが多かったため，鈴木保育士が一緒にいる時間も長かったのです。児童養護施設に移ってからは，少しずつ笑顔が見られるようになってきたと聞きます。
>
> 　小学3年生になった時に，養育里親家庭との生活が始まりました。ところが，夏郎君は，里親との生活を開始してから3カ月後，里親家庭から家出し，保護され一時保護所にやってきました。職員が家出の理由をたずねると「里母に叱られたから」と話します。担当の児童福祉司が，夏郎君，里父里母と面談したところ，大きな問題はなく里親家庭での生活は順調であると判断されたため，

夏郎君は里親家庭に帰りました。しかし，夏郎君はその後もたびたび家出し，保護され児童相談所の一時保護所にやってきます。

　ある日，鈴木保育士は，夏郎君から「自分の部屋もあるし，お母さんも優しい。……今のお母さんを好きになったら，亡くなったお母さんは悲しむかな？」と問いかけられたのです。

🖊 演習 9 - 1

　みなさんが，鈴木保育士の立場だったら，どのように夏郎君に返答をするか考えてみましょう。

　夏郎君は，里親家庭が嫌だったわけではなく，新しい家庭に慣れていく中で，亡くなった実母，育った家庭への思いを募らせていたのです。子どもたちは，この事例のような親の死亡だけでなく，実親からの虐待や養育拒否など，様々な事情で実親と暮らすことができなくなり，施設養護や家庭養護を利用しています。家庭養護は，里親が自分の家庭の中で，子どもと生活をすることに特徴があります。里親のことを「おとうさん」「おかあさん」と呼ぶことも多いです。

　子どもは，新しい家庭と自分が育った家庭との違いに戸惑うこともありますし，たとえ虐待をした親であっても実親のことを慕っています。保育士としてそれらのことをふまえた関わりが必要です。

　夏郎君は，鈴木保育士からの「夏郎君はどう思う？　亡くなったお母さんは悲しむかな？」との問いかけに，少し考えたあと，「お母さんなら喜ぶと思う」と自分で答えを出すことができました。また，児童福祉司の働きかけによって，夏郎君の部屋に亡くなったお母さんの写真を飾ったり，里母に実母のことを話したりすることで，家出をすることもなくなりました。家庭養護には，このように子ども一人ひとりの状況に合わせた個別的な対応がしやすいという特徴もあります。

　養子縁組里親以外の里親は，子どもを実家庭に返す可能性，施設への措置変

更となる可能性があることを理解した関わりも求められています。

（2）家庭養護の現状

　2017年に，厚生労働省「新たな社会的養育の在り方に関する検討会」より出された「新しい社会的養育ビジョン」でも，家庭養護を増やしていくことが目指されていました。約7年以内に6歳以下の未就学児の75％を里親委託，学童期以降は約10年以内に里親委託率を50％にすること，さらに特別養子縁組の成立件数を5年間で現在の2倍の1,000件にするという数値目標が出されています。

　では，わが国の現在の家庭養護の利用率はどのようになっていると思いますか。

✏ **演習9-2**

　100人の社会的養護が必要な子どもがいた場合，日本では，家庭養護と施設養護を利用する子どもはそれぞれ何人だと思いますか。考えてみましょう。

　100人の社会的養護が必要な子どもの約80人が児童養護施設，乳児院といった施設養護，約20人が家庭養護を利用しています（図9-1参照）。

　図9-1のように，施設養護が約80％，家庭養護が約20％となっています。また，図9-2は，里親登録数，委託世帯数，委託児童数の変化をグラフに示したものです。近年，登録里親数，委託児童数ともに増加傾向が見られます。

　2023年4月に示された「社会的養育の推進に向けて」（こども家庭庁）でも取り上げられている通り，都道府県市別の里親等委託率は，自治体間の格差が大きくなっています。2021年度末では，福岡市の委託率59.3％と，金沢市の委託率8.6％では約7倍の差があります。

2　里親制度の実際

　本書第5章で確認した通り，里親には，養育里親・専門里親・養子縁組里親・親族里親という種類がありました。

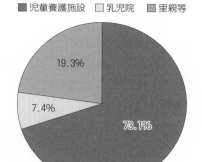

図9-1　施設養護・家庭養護の割合（2020年度末）

注：「里親等」とは，2009年より制度化されたファミリーホーム
　　を含む。
出所：こども家庭庁「社会的養育の推進に向けて」2023年，2
　　頁より筆者作成。

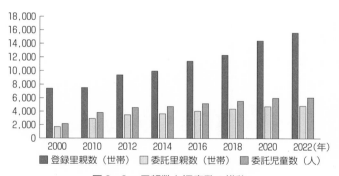

図9-2　里親数と児童数の推移

注：「里親等」とは，2009年より制度化されたファミリーホームを含む。
出所：厚生労働省「福祉行政報告例」各年度末現在の数値より筆者作成。

　児童福祉法上の仕組みではありませんが，季節里親や短期里親と呼ばれる里親もいます。夏休みやお正月休み，週末などに1泊から1週間程度子どもを家庭で預かるものです。このような私的な里親ではなく，ここで取り上げているのは，児童福祉法に則った里親の現状です。法律に則った上記の里親には，子どもの養育費や，養育里親には手当が支給されています。

表9-1　里親の就業状況（2022年3月1日現在）

委託里親数	里親の構成	里親の就業状況		
4,997 （100%）	夫婦世帯 4,294 （85.9%）	共働き	2,354	47.1%
		一方が働いている	1,660	33.2%
		どちらも働いていない	280	5.6%
	ひとり親世帯 703 （14.1%）	働いている	490	9.8%
		働いていない	213	4.3%

出所：こども家庭庁「社会的養育の推進に向けて」2023年，261頁。

　里親となる要件の詳細は自治体によって異なります。自治体によっては，親族里親に「里親申込者である親族が，親族里親制度によらず当該児童を養育する場合，当該親族が経済的に困窮し，生計を維持することが困難となってしまう状況にあること」といった要件を課しているため，制度上の親族里親と認められず，子どもの養育費を受け取らずに子どもを養育している場合も多くあるのが現状です。

　また，養子縁組里親は，子どもの永続的解決（パーマネンシー保障）が目指される現在，その数を増やすことが求められています。子どもの永続的解決とは，成人後の生活も含めた永続的な特定の養育者との関係性を保障することとされています。現在の里親制度では5年以内に約7割の子どもが里親家庭を離れています（2017年度末）。実家庭に戻る子どももいますが，自立や児童福祉施設に措置変更される子どもも少なくありません。子どもの永続的解決ができる制度となることが課題になっています。

　さて，里親の就業状況を確認してみましょう。表9-1からもわかるとおり，約半数の世帯が，子どもの年齢によっては，保育所を利用する可能性の高い世帯であり，就労と子育ての両立という課題を抱えることとなります。

　就労と子育ての両立だけでなく，実子がいる場合には，実子との関係や，地域との協力関係の構築，さらに子どもによっては虐待や実親からの養育拒否による影響であると思われる問題行動を起こすこともあり，多様なニーズを抱えた里親家庭への支援が求められています。

事例9-2　里母の悩み

　伊藤秋男君（3歳）が里親家庭である中村家にやってきてから2カ月になります。里母である中村利美さん（38歳）の今の悩みは，秋男君の異常な食欲です。家庭に来てから1カ月は気にならなかったのですが，このところ普段の食事も大人と同じ量を食べ，特に果物類を食べ始めるときりなく食べ続けているのです。先日は，段ボール1箱のミカンを2日で食べてしまいました。保育所ではそのようなことはないと保育士から聞き，利美さんは自分の食事の提供の仕方が間違っているのかと悩んでしまいました。そこで，利美さんは，秋男君が通っている保育所の保育士に，このまま食事や果物を与え続けてよいものか相談することにしました。

✏ 演習9-3

　みなさんが，相談された保育士の立場だとしたら，どのように利美さんにアドバイスしますか。グループでロール・プレイ（役割演技）をしながら考えましょう。

〈ロール・プレイの手順〉
1. グループをつくり，どのようにアドバイスをするのか，〈食事を制限するのか・しないのか〉，〈保護者に伝えたいことなど〉方向性を話し合いましょう。
2. 各グループ内でペアをつくり，保育士，利美さん（里母）役を決めます。
3. それぞれの役になりきって，相談の場面を演じてみましょう。その時には，演じている台詞だけでなく，自分の気持ちの変化も意識してみましょう。
4. 感想をまとめます。
5. 役を交代して，もう一度同じロール・プレイを行います。（台詞は前回と異なって構いません）
6. ペアでロール・プレイを振り返ってみましょう。

　保育士として，子どもへの支援だけでなく親への支援が求められていることについて，みなさんはすでに学んできていると思います。家族形態の変化など，

様々な家庭を取り巻く環境の変化によって，保護者が求める支援は多様化し，特別な支援が必要な保護者が増えることも予想されます。そのため，保育者には様々な知識や技術が求められています。

　里親に委託された子どもの偏食や過食は，子どもの急激な環境の変化などもあり，よく見られるケースです。また，里親家庭に慣れてきて，「ここにいたい」と子どもが思いはじめた時期にいわゆる「試し行動」が起こることもよく知られています。この時期の食に関しては，栄養バランスやしつけなどよりも，子ども本人の満たされたという気持ちを優先させることが大切であり，愛着関係を築くことにより，次第に落ち着いてくることが多いものです。

　この事例の相談であれば，里母である利美さんの現在の困りごと，不安を傾聴し，秋男君が自分の要求を利美さんにぶつけることができる関係性をつくることができたことを認める関わりが適しているでしょう。食については，現在の利美さんの対応が正しいこと，3〜4週間様子を見ても変化がない時など，不安が出てきたらいつでも相談してほしいことを伝えます。その後も状況が改善されないようであれば，かかりつけ小児科医，児童相談所などと連携をとりながら対応を検討します。

3　ファミリーホームの実際

　ファミリーホームとは，養育者の住居において家庭養護を行うものです。2008年の児童福祉法改正により「小規模住居型児童養育事業」として全国的に実施されました。制度化される前は，里親型のグループホームとして自治体によって行われていた事業で，それを国が制度化したものです。

　委託を受けることのできる子どもの数は里親よりも多く，5〜6名が定員となっています。2018年3月には，ホーム数347か所，委託児童数は1,434人とその数を増やしています。

　里親制度も同じですが，各家庭の状況や委託された子どもの年齢により，生活リズムは大きく異なります。一例として，養育者夫婦，実子（高校生）のほ

┌─ **コラム13 ロール・プレイ（role play）とは** ─

　ロール・プレイとは，役割演技と訳されます。子ども・保護者（利用者）と，保育士など（支援者）の関わりの場面を，役になりきって演じるという体験を通して，自分の支援者としての考え方や行動のくせ，利用者の心境などを知ることができます。保育・福祉分野だけでなく，多くの場面で使われる手法です。

表9-2　ファミリーホーム（吉田ホーム）の標準的な日課

平日	
5：00	父母▷起床，朝食準備・弁当作り。　高校生▷起床，朝食
6：00	高校生を駅まで送る。　洗濯機を廻す（1回目）。 駅から戻り，中学生を起こす
7：00	中学生▷朝食。　洗濯機を廻す（2回目），洗濯物を干す。 特別支援学校生送迎。　中学生▷登校
8：00	洗濯機を廻す（3回目）。　大人の朝食を準備・大人▷朝食
9：00	洗濯物，布団を干す。 A子を病院へ連れていく，その後学校へ送っていく。 父▷児童相談所等と電話打ち合わせ等
10：00	父▷銀行，役場等へ　母▷学校より戻る
11：00	養育補助者▷勤務来宅　各自の部屋点検清掃・風呂2箇所トイレ3箇所清掃
12：00	補助者▷昼食準備。　父▷帰宅　昼食・片付け
13：00	ホーム職員ミーティング
14：00	母▷買い物　補助者▷台所掃除・掃除機かけ　父▷帳簿類作成
15：00	布団，洗濯物取り込み，衣類整理等。　父▷管理業務等
16：00	母▷帰宅　大人▷休憩　子ども▷おやつ，読み聞かせ 母▷里親からの電話相談
17：00	夕食作り，社会福祉協議会から電話。　特別支援学校生を迎えに行く
18：00	中学生▷帰宅
19：00	夕食・懇談　養育補助者▷勤務終了帰宅　父▷町内会の会合
20：00	後片付け　子どもたち▷テレビ・ゲーム 高校生を駅まで迎えに行く。　父▷帰宅
21：00	高校生▷夕食，入浴　母▷片付け　父▷中学生の勉強をみる
22：00	子ども▷各自の部屋へ入った後，就寝。　洗濯機を廻す（翌朝干す）。
23：00	父▷管理業務記帳等雑務　父母▷入浴後子ども部屋を見廻り，就寝

出所：吉田菜穂子『里子・里親という家族——ファミリーホームで生きる子どもたち』大空社，2012年，30頁。

か，高校生3名，中学生3名で生活をしている吉田ホームの1日の流れを紹介します（表9-2）。

　里親制度と比較して多くの子どもと生活を共にするため，子ども同士の関係性の問題，養育者のレスパイトケア，近隣住民からの理解を得る必要性など解決すべき課題があります。

4　里親への支援体制

　里親制度，ファミリーホーム事業ともに，解決すべき課題を抱えている現状がありました。この後確認するように，里親支援の内容は，児童相談所運営指針や里親委託ガイドラインで定められています。支援体制は図9-3のように，児童相談所の里親担当職員，里親委託等推進員，里親会の里親支援担当者，施設の里親支援専門相談員，児童家庭支援センターの職員等が，チームとして，里親委託推進・里親支援の活動を行うとされています。現在の支援は，これらの課題を解決するものとなっているでしょうか。現状を確認したうえで考えてみましょう。

　地域の様々な子育て支援事業をベースに，里親支援機関である児童家庭支援センターやNPOなど様々な事業主体による支援が行われます。その内容は，里親制度の普及促進，里親委託推進，里親家庭への支援と様々です。児童養護施設や乳児院には，里親支援専門相談員（里親支援ソーシャルワーカー）が置かれています。さらに，里親会が里親同士のピアサポートの支援をしています。児童相談所はこれら取り組みの中心となり，里親担当者が配置されています。このように，里親には複数の相談窓口が確保されるようになりました。

　✐ 演習9-4

　里親家庭への支援として必要だと思われる支援を具体的に考えてみましょう。その方法として本書第8章で説明されているブレインストーミングを行い，カードにより整理してみましょう。

〈演習の手順〉
・4〜6名のグループをつくります。

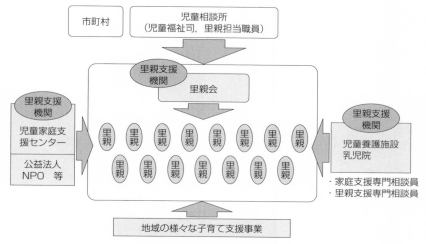

図9-3　里親支援体制

出所：厚生労働省「社会的養護の現状について（参考資料）」2017年。

・グループに模造紙1枚，各自の手元にカード（付箋紙）・ペンを準備します。
・個人の作業として，カードに必要と考えられる支援を書きます（1枚のカード〔付箋紙〕に1つの支援を簡潔に一言で書きましょう）。
・グループでカード（付箋紙）を見せ合いながら，模造紙の上で同じ内容のカードを集めます。
・集まったカードのグループごとに名札（名前）を付けましょう。
・模造紙をもとに，グループで検討した支援内容を発表します。

　各グループが発表した模造紙を並べ振り返ってみましょう。里親委託率を向上させるためのもの（説明会などの啓蒙活動，里親と里子のマッチングのための様々な機関の連携など），里親家庭での課題を解決するもの（ピアグループによるサロンの実施，レスパイトケア，育児相談など），特別養子縁組を促進するための連携などが出されたグループが多かったのではないでしょうか。

　では，子ども（里子）のための支援案が出たグループはどれぐらいありましたか。里親制度の本来の目的は，「子どもの最善の利益」を保障するためのものです。里親への支援を考えることも当然必要ですが，そこで暮らす子どもへ

の支援も同時に必要とされます。

　文化の違いや，里親制度の仕組みが各国で異なっているため，日本ですぐに同じ問題が起こるとはいいきれませんが，里親制度が進んでいるといわれている諸外国で起こっている「フォスターケアドリフト問題」を引き起こさない支援を検討しておく必要があります。フォスターケアドリフト問題とは，里親家庭を短期間で何カ所も移動しなければならない子どもが多い問題のことです。

　里親の委託率を向上させることだけを目指すのでは「子どもの最善の利益」は守られないのではないでしょうか。諸外国における課題もふまえ，「子どもの最善の利益」を保障し，子どもの生活上の問題の永続的解決（パーマネンシー保障）が可能な家庭養護のあり方を検討することが求められています。

事後学習

①　演習9-4で検討した具体的支援に，子ども（里子）のための支援を追加し，「子どもの最善の利益」を保障する支援策を検討し，支援計画を作成してみましょう。

②　「家庭養護を支える保育士の役割」というテーマでレポートを作成しましょう。

📖 さらに学びたい人のために

古泉智浩『うちの子になりなよ──ある漫画家の里親入門』イースト・プレス，2015年。

　　──不妊治療に悩む夫婦が里親制度を知り，男の子の赤ちゃんを養育することになるという筆者の体験に基づいた漫画です。里親となる夫婦の心境はもちろん，制度についても漫画のなかでわかりやすい解説があります。続編として，古泉智浩『うちの子になりなよ──里子を特別養子縁組しました』（イースト・プレス，2017年）も刊行されており，里親制度と養子縁組制度の違いについての理解を深めることができます。

吉田菜穂子『里子・里親という家族——ファミリーホームで生きる子どもたち』
　　大空社，2012年。
　　——実子を育てながらファミリーホームで里子を養育する吉田ホームの日常が，
　　わかりやすく詳細に描かれています。本章においても１日の流れを引用し
　　ています。里子の心境やそれを見守る里親の気持ちも紹介されており，ファ
　　ミリーホームの実際をイメージするのに役立ちます。
パトリシア・ライリー・ギブ，もりうちすみこ（訳）『ホリス・ウッズの絵』さ
　　えら書房，2004年。
　　——里子として，いくつもの家庭で暮らす少女の様子が描かれます。諸外国で
　　問題となっているフォスターケアドリフトが子どもにどのような影響を与
　　えるか考えさせられます。里子となる子どもの心境はもちろん，多くの人
　　との出会いを通して成長していく少女の生き方を物語を通して感じること
　　のできる本です。

第10章　支援の計画と記録および自己評価

┌─ 本章の概要と到達目標 ─────────────────────

（1）概　　要

　社会的養護の現場は，一人ひとりの子どもに応じた自立支援計画に基づき，関係する職種が協力して支援を行っています。自立支援計画は，子どもと家庭に関する適切なアセスメントに基づいて策定され，支援が提供されます。そして，定期的な見直し評価が行われ，再び支援が提供されます。自立支援計画が適正に継続するためには，記録の実施や自己評価等が求められます。

　本章では，社会的養護における支援の計画と記録および自己評価等について，基本的な知識を学び，理解を深めていきます。

（2）到達目標

①　アセスメントの重要性と自立支援計画の策定過程とその展開を理解する。

②　ソーシャルワーク，個別支援計画の作成等を理解する。

③　記録の意義と活用，方法と管理等について理解する。

④　リスクマネジメントと記録について理解する。

⑤　自己評価と第三者評価を理解する。

└──────────────────────────────────

┌─ 事前学習 ──────────────────────────

①　アセスメント，ソーシャルワーク等について，調べておきましょう。

②　自立支援計画と記録について，調べておきましょう。

③　施設におけるリスクマネジメントについて，調べておきましょう。

④　社会的養護施設等における評価について，調べておきましょう。

└──────────────────────────────────

1　アセスメントと自立支援計画

（1）アセスメントの重要性

　社会的養護は，親のない子どもや親に監護されることが適当でない子どもを

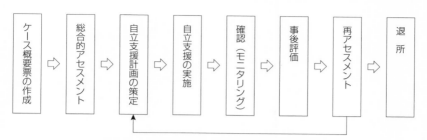

図10-1　自立支援計画の策定過程とその展開

出所：厚生労働省「児童自立支援施設運営ハンドブック」2014年，120頁。

公的責任で社会的に養育し保護するとともに，養育に困難を抱える家庭へ支援を行います。本書第3章でも確認したように，社会的養護の基本理念として，「子どもの最善の利益のために」と「社会全体で子どもを育む」の2つが挙げられます。また，原理として，①家庭的養護と個別化，②発達の保障と自立支援，③回復を目指した支援，④家族との連携・協働，⑤継続的支援と連携アプローチ，⑥ライフサイクルを見通した支援などが定められています。子どもの自立を支援するためには，一人ひとりの心身の発達と健康の状態およびその置かれた環境を的確にアセスメントし，これに基づいた適切な自立支援計画を策定することが求められます。

　施設におけるアセスメントとは，一人ひとりの自立を支援するために，その人の全体性やその人に影響を及ぼす療育環境に焦点をあて，必要な情報を収集，分析して総合的に実態把握・評価することです。アセスメントの内容は，「子どもに関する側面」「家庭に関する側面」「地域社会に関する側面」の3つの側面とその関係性などについて，総合的に分析・検討することが重要です。

　具体的なアセスメント内容では，子ども本人の状況を考える視点（子どもに関する側面）として，子どもの健康状態，情緒や行動の発達，子どものライフストーリー，その子どもらしさなどが挙げられます。

　保護者を含む家族の状況を考える視点（家庭に関する側面）では，自らの家族史，家族間の関係性，家族の生活環境などが挙げられます。

　生活する地域社会の状況を考える視点（地域社会に関する側面）では，コミュ

表10−1　自立支援計画票（記入例）

施設名　□□児童養護施設　　　　　　　　　　　作成者名

フリガナ 子ども氏名	ミライ　　コウタ 未来　幸太	性別	○男 　女	生年月日	○年　○月　○日 （11歳）
保護者氏名	ミライ　　リョウ 未来　良	続柄	実父	作成年月日	×年　×月　×日

主たる問題	被虐待経験によるトラウマ・行動上の問題
本人の意向	母が自分の間違いを認め，謝りたいといっていると聞いて，母に対する嫌な気持ちはもっているが，確かめてみてもいいという気持ちもある。早く家庭復帰をし，出身学校に通いたい。
保護者の意向	母親としては，自分のこれまで行ってきた言動に対し，不適切なものであったことを認識し，改善しようと意欲がでてきており，息子に謝り，関係の回復・改善を望んでいる。
市町村・学校・保育所・職場などの意見	出身学校としては，定期的な訪問などにより，家庭を含めて支援をしていきたい。
児童相談所との協議内容	入所後の経過（3ヶ月間）をみると，本児は施設生活に適応し始めており，自分の問題性についても認識し，改善しようと取り組んでいる。母親も，児相の援助活動を積極的に受け入れ取り組んでおり，少しずつではあるが改善がみられるため，通信などを活用しつつ親子関係の調整を図る。

【支援方針】　本児の行動上の問題の改善及びトラウマからの回復を図ると共に，父親の養育参加などによる母親の養育ストレスを軽減しつつ養育方法について体得できるよう指導を行い，その上で家族の再統合を図る。

第○回　支援計画の策定及び評価　　　　　　次期検討時期：　　△年　　　△月

<table>
<tr><td colspan="5" align="center">子 ど も 本 人</td></tr>
</table>

【長期目標】　盗みなどの問題性の改善及びトラウマからの回復

	支援上の課題	支援目標	支援内容・方法	評価（内容・期日）
【短期目標（優先的重点的課題）】	被虐待体験やいじめられ体験により，人間に対する不信感や恐怖感が強い。	職員等との関係性を深め，人間に対する信頼感の獲得をめざす。トラウマ性の体験に起因する不信感や恐怖感の軽減を図る。	定期的に職員と一緒に取り組む作業などをつくり，関係性の構築を図る。心理療法における虐待体験の修正。	年　　　月　　　日
	自己イメージが低く，コミュニケーションがうまくとれず，対人ストレスが蓄積すると，行動上の問題を起こす。	得意なスポーツ活動などを通して自己肯定感を育む。また，行動上の問題に至った心理的な状態の理解を促す。	少年野球チームの主力選手として活動する場を設ける。問題の発生時には認知や感情の丁寧な振り返りをする。	年　　　月　　　日
		他児に対して表現する機会を与え，対人コミュニケーション機能を高める。	グループ場面を活用し，声かけなど最上級生として他児への働きかけなどに取り組ませる。	年　　　月　　　日
	自分がどのような状況になると，行動上の問題が発生するのか，その力動が十分に認識できていない。	自分の行動上の問題の発生経過について，認知や感情などの理解を深める。また，虐待経験との関連を理解する。	施設内での行動上の問題の発生場面状況について考えられるよう，丁寧にサポートする。	年　　　月　　　日

（次頁につづく）

家　庭（養　育　者・家　族）			
【長期目標】　母親と本児との関係性の改善を図ると共に，父親，母親との協働による養育機能の再生・強化を図る。また，母親が本児との関係でどのような心理状態になり，それが虐待の開始，及び悪化にどのように結びついたのかを理解できるようにする。			

	支援上の課題	支援目標	支援内容・方法	評価（内容・期日）
短期目標（優先的重点的課題）	母親の虐待行為に対する認識は深まりつつあるが，抑制技術を体得できていない。本児に対する認知や感情について十分に認識できていない。	自分の行動が子どもに与える（与えた）影響について理解し，虐待行為の回避・抑制のための技術を獲得する。本児の成育歴を振り返りながら，そのときの心理状態を理解する。そうした心理と虐待との関連を認識する。	児童相談所における個人面接の実施（月2回程度）	年　　月　　日
	思春期の児童への養育技術（ペアレンティング）が十分に身に付いていない。	思春期児童に対する養育技術を獲得する。	これまで継続してきたペアレンティング教室への参加（隔週）	年　　月　　日
	父親の役割が重要であるが，指示されたことは行うもののその意識は十分ではない。	キーパーソンとしての自覚を持ち，家族調整や養育への参加意欲を高める。母親の心理状態に対する理解を深め，母親への心理的なサポーターとしての役割を取ることができる。	週末には可能な限り帰宅し，本人への面会や家庭における養育支援を行う。児童相談所での個人及び夫婦面接（月1回程度）。	年　　月　　日

地　域（保　育　所・学　校　等）			
【長期目標】　定期的かつ必要に応じて支援できるネットワークの形成（学校，教育委員会，主任児童委員，訪問支援員，警察，民間団体，活動サークルなど）			

	支援上の課題	支援目標	支援内容・方法	評価（内容・期日）
短期目標	サークルなどへの参加はするようになるものの，近所とのつきあいなどはなかなかできず，孤立ぎみ	ネットワークによる支援により，つきあう範囲の拡充を図る。	主任児童委員が開催しているスポーツサークルや学校のPTA活動への参加による地域との関係づくり	年　　月　　日
	学校との関係性が希薄になりつつある。	出身学校の担任などと本人との関係性を維持，強化する。	定期的な通信や面会などにより，交流を図る。	年　　月　　日

総　　　　合			
【長期目標】　地域からのフォローアップが得られる体制のもとでの家族再統合もしくは家族機能の改善			

	支援上の課題	支援目標	支援内容・方法	評価（内容・期日）
短期目標	母親と本人との関係が悪く，母子関係の調整・改善が必要。再統合が可能かどうかを見極める必要あり。	母子関係に着目するとともに，父親・妹を含めた家族全体の調整を図る。	個々の達成目標を設け，適宜モニタリングしながら，その達成にむけた支援を行う。	年　　月　　日
			通信などを活用した本人と母親との関係調整を図る	年　　月　　日

【特記事項】　通信については開始する。面会については通信の状況をみつつ判断する。

出所：厚生労働省「児童自立支援施設運営ハンドブック」2014年，125-126頁。

ニティとの関わり，活用可能な社会資源の質と量などが挙げられます[(1)]。こうして集められた情報を総合的に評価・分析し，自立支援計画の策定につなげます。

（2）自立支援計画の策定過程とその展開

　参考までに，自立支援計画票の記入例を表10-1に示しておきます。

　施設は総合的なアセスメントを行うために，児童相談所，出身学校および子どもとの面談などから得られた情報を基にケース概要票を作成します。その際に不足している情報があれば，関係機関などから収集します。そして，アセスメント結果などを元にして，自立支援計画を策定することになります。策定にあたっては，本人，保護者，関係機関等の話をよく聴き，子どもの最善の利益を考えて作成します。策定された計画について，子どもや保護者に説明し，合意を得ておくことが必要です。そして，自立支援が実施され，計画通り実施されているかを確認（モニタリング）します。支援の効果について事後評価します。事後評価は，今後の子どもの支援に生かすために，実施されてきた支援の効果について客観的に把握するとともに，目標や方法の妥当性などについて検証します。そして，定期的かつ必要に応じて再アセスメントをして，自立支援計画の見直しを行います。その過程を繰り返し，目標達成し，退所となります[(2)]。

（3）ソーシャルワークとアセスメント

　ソーシャルワークは，社会資源を活用して支援する援助技術です。その定義は時代とともに見直され，各領域で活用されてきました。

　社会福祉援助の方法は，様々な技術が理論化・体系化され，専門技術として構築されています。これらは大きく分けると，①直接援助技術，②間接援助技術，③関連援助技術に分類されます[(3)]。

　たとえば，直接援助技術の個別援助技術（ケースワーク）の展開過程は，①インテーク（受理面接），②アセスメント（事前評価），③プランニング（支援計画），④インターベンション（介入），⑤モニタリング，⑥エバリュエーション（事後評価），⑦終結に分けられます（表10-2）。そして，近年では介護保険制

表10-2　ケースワークの展開過程

1	インテーク （受理面接）	利用しようとする者と援助者が最初に出会う段階。援助者の所属する機関と照らし合わせ，支援関係を結ぶ必要があるか，他機関へ引き継ぐ必要があるかを決定する。
2	アセスメント （事前評価）	問題解決の手がかりとなる情報収集，および解決整理を展開する段階。利用者の抱える問題とニーズ，生活状況，社会資源とのつながりなどを把握する。
3	プランニング （支援計画）	アセスメントにおける情報をもとに利用者にふさわしい支援の目標設定を利用者と考え，立案する段階。利用者の不安や期待に沿いつつ，実行可能な計画を立てる。
4	インターベンション （介入）	援助者が利用者にとって提供可能なサービスを活用し，社会資源を適切，効果的に活用する段階。利用者自らが参加し，もてる力を発揮できるよう支援活動を展開する。
5	モニタリング	支援内容を振り返り，問題解決につながる展開となっているかを吟味する段階。必要に応じて再アセスメントを行い，支援計画，介入方法の変更をすることもある。
6	エバリュエーション （事後評価）	支援内容が利用者にどのような意味と効果をもたらしたかを判断する段階。施設支援に関しては，第三者評価が導入されている。
7	終　結	援助者と利用者の双方で支援の必要がないと判断されれば，援助関係を終了とする。

出所：石田慎二・石倉哲也・小崎恭弘編著『社会福祉』ミネルヴァ書房，2008年，146頁。

度導入を契機に，情報の共有化が不可欠となるチームワークを前提としたケアマネジメントが普及するにつれ，ケアプラン（個別支援計画）の作成をはじめとする実践レベルの記録の重要性が高まっています[(4)]。

　利用者個々に応じたサービスを提供するには，利用者の状況を理解することが前提となります。そのためには，利用者に関する情報の収集と，利用者の現状や要望等を把握することが必要です。

　たとえば，必要とされる利用者に関する情報として，基本情報，健康に関する情報，生活に関する情報，問題に関する情報など，が挙げられます。支援サービスを提供する前提としてインテーク面接等を通じて，情報を収集し分析・評価を行い，利用者自身がどのような支援を望んでいるのかを確認し，支援ニーズを把握することが大切です[(5)]。アセスメントにあたっては，利用者等と面接して行います。そして，アセスメントに基づき，支援目標等が設定され，個別

表10-3　個別支援計画（例）

領域／キーワード	支援課題	支援目標	支援内容	担当者	モニタリング
基本的生活習慣 （食事）	食事の際に，主食と副食を交互に食べられない。	主食と副食を交互に食べる。	主食と副食（2つ程度）を三角の形に並べて，順番を決めて循環的に食べるように促す。		3か月後
社会的生活・活動 （健康管理）	肥満傾向にあるが，外遊びをしたがらない。	少しずつ身体を動かす機会を増やしてゆく。	散歩や買い物などをする機会につれ出したり，屋外での遊びに参加し，楽しめるように支援する。		3か月後
社会的生活・活動 （社会参加）	促さないと，外部の行事やイベントに参加しない。	行事へ参加し，顔なじみの仲間をつくる。	本人の意向を尊重しながら，好みの行事に参加するように促し，同年齢の地域の子どもとのふれあいを増やしていく。		6か月後

出所：小野澤昇・田中利則・大塚良一編著『子どもの生活を支える　社会的養護内容』ミネルヴァ書房，2013年，219頁。

支援計画が作成されることになります。

（4）個別支援計画の作成とモニタリング

　個別支援計画に基づき支援が提供されることになります。定期的な検証と修正のためにモニタリングが必要です。モニタリングとは，一定の期間に個別支援計画の実施状況等を見直しすることで，支援計画の内容を見直す必要があるのか，継続支援でよいのかを判断します。さらに，全体的に見直す必要がある場合は，再アセスメントを行います。[6]個別支援が継続され，目標が達成されれば終結となります。こうした一連のプロセスの中に個別支援会議やケースカンファレンス，ケーススタディなど各種の会議があります。同時に記録の重要性が求められます。参考までに，個別支援計画の例を表10-3に示します。

2　記録および自己評価

（1）記録の意義と活用

　社会福祉実践において，専門職はその援助過程で様々な事柄を記録し，文書を作成しています。莫大な量の記録がつくられ，それに要する職員のエネルギーは，なみなみならぬものがあります。施設には，様々な記録があります。それらはたとえば，①利用者台帳，②日誌，③ケース記録，④会議録，⑤帳簿類などに整理されます。ケース記録は，ケース台帳，支援記録，その他個人記録等でまとめられており，記録（支援記録等）は，利用者を支援する上で重要な役割を果たすものの一つであるといえます。

　とはいえ，いかに精密な記録であろうとも，それが活用されなければ意味がありません。施設における記録の意義は，①記録は復命書，②記録は利用者理解の糸口，と捉えられます。職員の行う支援が組織，施設の方針に沿って遂行されることから復命書としての性格をもっています。記録は利用者支援の点検を行う上での資料として活用されます。記録を通し，今までの職員自身の支援内容を見つめなおす機会ともなり，そのことが利用者の理解を深めていくことに役立ちます。

　岡村重夫による『ケースワーク記録法』では，ケース記録の保管と記録について，①ケースの動きを第三者に理解させる，②機関，施設の経営，運営を向上させる，③教育の研究に役立つようにする，と整理されています[7]。

　また，仲村優一による『社会福祉の方法』においては，ケース記録をなぜとるかについて，①適格な社会診断および処遇を行うための基礎資料として活用すること，②その機関のサービスの受給資格を証拠だてる文書であること，③ケースワーカーの交代にそなえること，④指導監督（スーパービジョン）の資料として用いられること，⑤教育訓練のための資料として用いられること，⑤研究調査の資料として用いられること，と整理されています[8]。

（2）記録の方法と管理

　記録は，「できごとそのもの」の記述と「できごとに対する援助者の解釈や分析」の記述とを区別して記録することが求められます。できごとそのものの記述は，事実に即して書くことが重要です[9]。

　記録の方法は，①読みやすく，わかりやすい記録，②内容によって記録の形式を変える，③事実を書く，④必要なことのみを記録する，⑤援助者の意図的働きかけと，それに対する利用者の反応を書く，⑥社会的責任を自覚して書くことなどが挙げられます[10]。

　組織にとって，記述方法についてのルールや記録の管理システムが確立していることが必要です。定められたルールに則って，記録するとともに，提出，保管・観覧にあたっては，決められた方法に従い処理されることが最低条件となります。記録は，利用者の人権に係る内容も記述されるため，その扱いには，職員には細心の注意が課せられています。一方では，利用者および家族が自己に係る記録を知る権利の問題もあります。

（3）ケーススタディとケースカンファレンスの相違と記録

　利用者一人ひとりの個別支援計画が作成され，支援が提供されていく過程には様々な会議が開催されます。種々ある会議の中でここでは，ケーススタディとケースカンファレンスを取り上げて整理します。

　ケーススタディは，事例検討や事例研究とも訳されます。ケーススタディは，児童虐待や障害児支援など個別の事例や事象を取り上げ，その原因や解決方法などに関連する情報を分析し，支援のあり方などに関する計画を検討し立案するなどの取り組みを行い，個人や集団の問題解決能力や意思決定能力の開発，実践能力の向上等を目的として行われる取り組みで，職員間の研修や教育を目的として利用されるものです。具体的には，事例に示されている事実を確認して，「これはこういうことではないか」などと様々な仮説を立て，それをチェック，検証し，事例の理解や支援のあり方について検討を行います。無理をして結論を出す必要はなく，結論が出なければ課題として積み残し，出席者の問

題意識となるようにします。

　一方，ケースカンファレンス（支援方針会議）は，当面している事態（今，困っていること）をどう支援していけばよいのかを検討するために行われる取り組みですので，必ず何かしらの方針（結論）を示す必要があります。結論が出せない場合でも，とりあえず当面の課題を決めておくことが必要です。ケースカンファレンスの方法は，①現状分析して，②問題点を引き出す。③背景を分析した上で，④目標を設定し，⑤解決策を提示する。解決策は仮説的なものになる場合もあります。結論が出たら実践します。そして，その結果がどうなったかを評価することが大切で，⑥評価の日程を確認します。ケースカンファレンスへの事例提案者は，これまでの取り組みや，現在の課題などについてきちんと整理を行い，提案することが大切です。

　こうした場で使用する資料を作成するためには，日々の実践に伴う詳細な記録が重要な役割を果たすことになります。

（4）リスクマネジメントと記録

　リスクマネジメントとは，一般には「危機管理」と訳されています。リスクを組織的に管理（マネジメント）し，重大な事故や損失などの回避または低減を図るプロセスのことです。施設においては，利用者が安心して利用できる質の高いサービスの提供が求められます。その対極にあるのが事故の発生や不適切な支援です。施設は「人」が「人」に対してサービスを提供する場であることから様々なリスクを抱えています。

　よって，事故の未然防止に取り組む必要があり，リスクマネジメントの導入が求められています。具体的な取り組みとして，ヒヤリハット報告書（表10-4）やリスクマネジメントに関する研修などが挙げられます。ヒヤリハット報告書は，インシデントレポートとも呼ばれ「ヒヤリ」としたこと，「ハッ」としたことで，日常的な気づきの力を活用するための記録です。インシデントとは，事故に至らなかったがそのおそれのある事象のことをいいます。330件のヒハリハットした事象のうち，怪我には至らない程度の事象が300件，軽傷の

表10-4　ヒヤリハット報告書（例）

発生年月日	年　月　日	報告年月日	年　月　日
発生時刻	時　　分	報告者	
発生場所（大項目）		発生場所（中項目）	
児童・成人（年代）		種別	
ヒヤリハット内容			
考えられる要因 事故に至らなかった 理由			
初期改善策			
予防処置（判断日）			
予防処置の要・不要			

出所：埼玉県社会福祉事業団「ヒヤリハット報告書」2016年。

程度の事故が29件，死亡や重体に至る事故が１件の割合で起こるといわれます（ハインリッヒの法則）。[11]

　リスクマネジメントの推進は，施設の運営を円滑にすること，利用者の生活を守ること，そして，働く職員自身を守ることにもつながります。こうした取り組みが，各施設に応じて検討され実施・推進されることが期待されます。

（5）自己評価と第三者評価

　児童養護施設，乳児院，児童心理治療施設，児童自立支援施設，母子生活支援施設などの社会的養護関係施設は，自己評価（毎年），第三者評価（３年に１

度）を行うことが義務化され，それらの結果を公表し，その改善を図らねばなりません。その趣旨は，子どもが施設を選ぶことができない措置制度であること，施設長は親権代行など重要な役割を担っていること，被虐待児が増加していることなどを背景に，支援や施設運営の質の向上が求められていることにあるといえます。

　自己評価とは，施設職員があらかじめ定められた基準に従って評価を行うことをいいます。第三者評価は，施設職員でない第三者評価機関の評価調査者が，施設の質を定められた基準に沿って評価します。

　自己評価では，評価する職員によってその結果は異なることが想定されますが，その違いを素材にして，職員間で話し合い，改善につなげていきます。同様に第三者評価においても施設の自己評価の結果と第三者評価機関の調査総評等を参考にして，改善につなげることが重要です。このように，両者は，相互補完的な関係にあり，問題点に気づき改善することが求められています。

　つまり，PDCA（Plan, Do, Check, Action）のマネジメントサイクルの手法を用いて，計画，実行，チェック，改善を繰り返し，継続的に改善していくことになります。

　自己評価の実施方法は，第三者評価を受講しない年の自己評価と受講する年の自己評価の2つに分けて考えられます。前者は施設が決め，後者は施設と評価機関で協議して決めることとなります。自己評価の結果も公表することとされています。第三者評価は，自己評価，利用者調査，訪問調査のための準備，訪問調査，その後の報告，公表といった手順で進められます。

　自己評価，第三者評価は，施設運営における問題点を把握し，質の向上に結び付けることを目的としています。この取り組みを活用し，効果的なものとしていくためには，社会的養護関係施設は，自発的に自己評価を行い，第三者評価を受審していくという意識をもつことが重要で，施設の「気づきの機会」となり，子どもたちの最善の利益となるための改善活動となっていくことが期待されています。[12]

┌─ 事後学習 ─────────────────────────
│ ①　各施設における記録の実際について，検討してみましょう。
│ ②　各施設におけるリスクマネジメントについて，検討してみましょう。
└────────────────────────────────

注

(1)　厚生労働省「児童自立支援施設運営ハンドブック」2014年，1-8頁。

(2)　同前，113-125頁。

(3)　石田慎二・倉石哲也・小﨑恭弘編著『社会福祉』ミネルヴァ書房，2008年，143頁。

(4)　小椋喜一郎編著『社会福祉援助技術の記録』日総研出版，2006年，9頁。

(5)　日本知的障害者福祉協会調査・研究委員会『知的障害者のためのアセスメントと個別支援計画の手引き』日本知的障害者福祉協会，2013年，28-29頁。

(6)　同前書，86頁。

(7)　岡村重夫『ケースワーク記録法』誠信書房，1965年，6-11頁。

(8)　仲村優一『社会福祉の方法』（仲村優一社会福祉著作集③）旬報社，2003年，125-128頁。

(9)　白澤政和・尾崎新・芝野松次郎編著『社会福祉援助方法』有斐閣，1999年，177頁。

(10)　同前書，187-189頁。

(11)　東京都社会福祉協議会・社会福祉法人協会編『事故予防対策としてのリスクマネジメント組織構築の手引き』東京都社会福祉協議会，2002年，29-30頁。

(12)　社会的養護第三者評価等推進研究会編『社会的養護関係施設における「自己評価」「第三者評価」の手引き』全国社会福祉協議会，2017年，324-330頁。

📖 **さらに学びたい人のために**

青木冨貴子『GHQと戦った女　沢田美喜』新潮社，2015年。

　　──終戦後，進駐軍の兵士と日本人女性とのあいだに生まれた混血児を受け入れる施設をつくったのが沢田美喜です。彼女は，三菱財閥創設者岩崎彌太郎の孫で三代目当主岩崎久彌の長女にあたります。施設の名は，「エリザベス・サンダース・ホーム」といい，今も神奈川県大磯にあります。子どもや施設を理解するための貴重な一冊と考えます。

小松成美『虹色のチョーク』幻冬舎，2017年。

　　──社員の7割が知的障害者であるチョーク工場が「日本で一番大切にしたい会社」と呼ばれています。働くことの喜びを実現した町工場の奇跡がつづ

られています。福祉とは何か。企業から学ぶことの大切さを実感します。会社経営者や福祉に関する方々に勧めたい一冊です。

川喜田喜美子・高山龍三編著『川喜田二郎の仕事と自画像』ミネルヴァ書房，2010年。

　──川喜田二郎（文化人類学者）は，ネパールなどへの野外調査を手がけ KJ 法という発想法でも知られています。混沌をして語らしめる KJ 法は，ものごとを考えたり，まとめたりする方法とし，とても参考になります。川喜田氏が最後に自分の仕事を振り返り，自己を語った貴重な一冊です。

<table>
<tr><td>第11章</td><td>社会的養護に関わる専門的技術</td></tr>
</table>

─── 本章の概要と到達目標 ───

（1）概　　要

　近年，乳児院や児童養護施設などの児童福祉施設の小規模化が推進されています。これは「より家庭に近い環境」での支援が求められていることを意味します。また，支援についても，愛着形成や発達，自立支援などたくさんの課題があります。本章では，このような状況の中で，保育士に必要とされる専門的知識や支援技術について学んでいきます。

　まず，第1節では「保育の専門性に関わる知識・技術とその実践」をテーマとして演習形式で学びます。また，第2節では，「親子関係再構築支援・家庭復帰の支援」について事例を通して社会的養護の中心的な技術である相談援助の実際について学びます。そして，第3節では施設における保育者の業務において今後期待される保育や相談援助の展望について演習形式で学びます。

（2）到達目標

①　施設養護における目的や理念について理解する。

②　施設養護における保育者に求められる専門性について理解する。

③　施設養護で支援する保育者が活用する多様な技術について学ぶ。

④　施設養護で支援する保育者と外部の多職種との連携・協働について学ぶ。

⑤　相談援助の必要性と実際の事例について学ぶ。

─── 事前学習 ───

①　施設で働く保育士の仕事内容を確認しておきましょう。

②　保育士が身に付けておくべき知識や技術について確認しておきましょう。

③　施設における相談援助の状況や内容について調べておきましょう。

④　相談援助に必要な技術について調べておきましょう。

⑤　乳児院・児童養護施設等の退所児童の状況，特に退所先について調べておきましょう。

1　保育の専門性に関わる知識・技術とその実践

　ここでは乳児院や児童養護施設等の養護系の施設で働く保育者の専門性に関わる知識や技術，その実践について学びます。まず各テーマに沿ってそれぞれの説明に目を通し，その後に記述された演習について各自で考えてみましょう。また，グループごとに話し合ってみましょう。

（1）施設保育の目的や理念の理解

　「保育」には主に家庭で子どもが育てられる「家庭保育」と保育者が施設で保育を行う「施設保育」があります。このほかに保育ママやベビーシッターが保育を行う「家庭的保育」もあります。

　「家庭保育」とは，子どもが家庭で保護者や家族に養育されることをいいます。一般的には，人は家庭の中で，両親や兄弟姉妹，親族等と一緒に生活することにより，お互いに影響し合いながら成長し，保護者から様々な教育やしつけ，生活習慣等を学び，将来的に一社会人として生活できるようになるための基礎を身に付けていくといわれています。しかし近年では，核家族化が進み，子どもの数もきわめて少数になり，保護者が共に働きに出る家庭が増加していることから，家庭や隣近所の関係性のなかだけでは十分な保育が確保されにくくなってきています。

　一方で「施設保育」は，家庭に代って保育や支援を必要とする子どもや，育つ環境として適切でないところで暮らしている子どもを入所（通所）させて，専門的な保育を行う社会資源として，拡充されてきています。施設はいくつかの種類に分かれていますが，いずれも「子どもおよび保護者の生活と自立を支援するための施設」であり，0～満18歳までの子どもたちの主に生活や学習等を支援します。

─ ✐演習11-1 ─

　家庭の子育て（家庭保育）と施設での保育（施設保育）の違いは何でしょう
か。また，施設保育については，保育所と他の施設の違いについても検討して
みて下さい。加えて，施設保育を行う施設では，なぜ理念や目的を明示してい
るのか考えてみましょう。

（2）施設における保育者に求められる専門性の理解

　保育者は子どもの日常生活を支援したり教育したり，養護したりするという
役割のみに目を向けてばかりいるのではなく，一層充実した生活，すなわち施
設を一般の家庭と何ら変わることのない「生活の場」へと高めていくための実
践を推進する必要があります。この場合，個々の子どもの生活の必然性や必要
性に応じて，提供するサービスの内容や質，方向性を柔軟に変化させることが
求められています。

─ ✐演習11-2 ─

　施設を一般の家庭と何ら変わることのない「生活の場」へと高められる保育
者としての専門力や能力，素養にはどのようなものがあるでしょうか。グルー
プごとに話し合ってみましょう。

　それでは，施設における保育者に求められる専門性とは主にどのようなもの
があるでしょうか。

1）個と集団を育てるという視点

　施設を利用する子どもは様々な問題や課題を抱えて施設へ入所したり通所し
たりしています。多くの子どもたちが，劣悪な家庭状況で育ってきた過去を背
負っています。心身や発達等の不調や障害を抱えていることも多くあります。
様々な理由により，親などからかけがえのない個人として大切に扱われずに過
ごしてきた子どもたちが多く見られます。そのため，一人の人間として認める
ような「個」としての関わりが重要となるケースが多いと思われます。このよ
うな「個」を育てる視点をもって関わる際に必要とされるのが，個別援助技

⁽¹⁾術に関する知識や技術，経験です。

　一方で，施設では4人から6人程度の小集団で生活をするということも特徴の一つです。「生活の場」では，年齢の異なる子どもやそれぞれ相違する家庭文化の中で育ってきた子ども同士がお互いに関わり合います。そのような共同生活の中でお互いの成長も期待されています。そのため，保育者には個別援助技術だけではなく，集団援助技術⁽²⁾（グループワーク）の支援を行うワーカー（援助者）の役割を担うことも求められます。

2）子どもの権利を護るという視点

　子どもが施設を利用する理由は多様です。親から遺棄された子どもや衣食住等の日常の生活もままならなかった子ども，親の犯罪の手先となって暮らしていた子ども，あるいは親から命を奪われかかった子ども等，経験してきたことや抱える問題は様々です。

　そのため，施設で提供される保育サービスは，単なる衣・食・住の保障を行うだけの支援では子どもにとって十分ではありません。社会的養護の最大の目的は，「特定の大人との間に愛着関係の形成ができる環境の保障」です。そのためには，施設では子どもの安心安全を保障することはもちろんのこと，本来人間がもっている多様な権利を保障する支援が求められていると思います。これらの支援のことを「権利擁護」といいます。

3）受け止めながら共感すること

　保育者はそれぞれの子どもが隠しもっている自己不全感や社会性の未熟さに対応することが可能となる柔軟な関わりや，可能な限り子どもの気持ちに寄り添う理解が求められます。

　これらの支援活動を継続的に遂行していくことは容易ではありません。したがって，保育者にはそれ相当の専門的な知識や技術，経験，豊かな人間性等が必要とされます。ある意味で，保育者が子どもの抱える問題や課題と真摯に向き合うことができ，「その子どもを支援し続ける」ことが可能であるということは，子どもに起きている事態が，自分（保育者）の心身のなかで起きていることと同じように感じることができる，つまり共感ができる資質があるという

ことができます。

（3）保育者が活用する多様な技術

　施設における保育実践には，洗面，排せつ，入浴，食事，言葉使い，遊び，社会習慣，人間関係の獲得等に関する「生活上の支援」や，体育，音楽，造形，教科学習等の「教育的支援」，リスク管理や健康管理，衛生管理等の「養護的支援」という3つの柱でくくられる保育技術領域と，子どもや家庭が抱える課題や問題についての解決を図れるように支援する「相談援助技術（ソーシャルワーク）領域」とが相互に連続して実践されるという特徴があります。

　施設では，これらを背景として，子どもの有する多様な権利や生活全般の活動，そして年齢に応じた発達を保障します。そして，保育実践を通して個々の子どもの自己実現を図るという目的をもった活動を行います。

　さらに，子どもの心身の安定や発達，日常生活を過ごす上での意欲や興味を育む基盤となるのは，それぞれの子どもの家庭の経済状況や人間関係，あるいは心身の健康状態です。このことから家庭支援に関する技術も必要となります。

🖊 演習11‐3

　保育者が活用する専門的な技術には，どのようなものがあるでしょうか。実習を終えた人は，実習場面を思い出して具体的に書き出してみましょう。実習前の人はどのような技術が必要になりそうかを想像して，グループごとに話し合ってみましょう。

　ここでは，保育に類する領域で活用される技術に注目して説明をします。

1）保育技術

　子どもを施設で育てる上で保育者に必要とされる技術はたくさんあります。その中でも特に大切にしたいのは，子どもの育ちを見通しながら，一人ひとりの子どもの発達状況に相応する形で各領域（主に「健康」「人間関係」「環境」「言葉」「表現」等）の発達を支援する技術ではないかと思います。また，これらの各領域に関する支援を行う際には，子どもの発達過程や意欲をふまえて（支援

しすぎや支援不足に配慮する），彼らが自ら生活していく力を育てるために細やかな支援を心がける必要があります。

　また，施設の内外の空間や設備等の物的環境，自然環境，あるいは人的環境を活かしながら，子どもに必要な保育を創造する技術も彼らの成長や日々の充実には必要です。加えて，子どもの経験や興味，関心に応じて，様々な遊びや活動の内容や質，方向性を多角的に展開する工夫は欠かすことができない技術ではないかと思います。

　そして子ども同士の関わりや子どもと保護者との愛着関係の形成状況については気配りを欠かさず，それぞれの気持ちに寄り添いながら理解を深め，必要に応じて支援する，あるいは関係を調整する技術を用いることも，施設における保育者の技術として重要な役割を果たすことになります。

2）相談援助技術

　相談援助とは，日常生活に課題がある人を対象に，その人に必要な社会資源や福祉サービスを用いて，来談者（施設でいえば保護者や家族）と環境との関係を調整して，課題解決，自立，自己実現，自分らしく生きることの達成を支えたり励ましたりする活動のことを意味しています。基本的には，相談援助は社会福祉士や精神保健福祉士が専門的に行っていますが，施設で様々な支援を行う保育者にも子どもや保護者から相談を持ちかけられる機会は数多くあります。相談内容は，親子の関係や子どもの進学・進路，経済状況，夫婦関係，再婚や離婚（家庭復帰支援）等，様々です。保育者が子どもや保護者，家族の相談や助言などを行うために，相談援助に関する知識や技術，経験を積むことは重要です。

3）その他

　保育者が，適切な社会生活技術を身に付けることは重要です。社会生活技術とは，社会の中で暮らしていくための技術のことをいいます。具体的には，社会で他者と関わる時にお互いが交わす挨拶や，他者に何かをお願いしたり断ったりするなどのコミュニケーションはもちろんのこと，日常生活の作法やマナー，来訪者への接遇，敬語の使い方等，日常生活を営む上で必要とされる技術

です。社会生活技術を身に付けることは，保育者自身の人間的な評価にもつながりますが，支援している子どもたちに与える効果は絶大だと思います。

　加えて，施設の子どもたちの場合は，特に家庭との関係性や家庭が抱える問題が大きな影響を与えていることが多いため，家庭を支援することが子どもの安定につながります。このようなことから，家庭支援に関する技術（ファミリーソーシャルワーク）も必要とされます。また一方で，家庭にとっても子どもが抱える問題行動に対して悩み苦しんでいる場合もあるので，子どもを支援し子どもの生活が安定するということは，その後ろにいる，家庭を支援することにもつながります。

（4）施設内外の他職種との連携・協働の必要性

1）子どもの問題と連携・協働

　保育者は施設を利用する子どもが施設入所に至るまでに，本人が自覚しているいないにかかわらず，様々な負の体験をしているケースが多いことを認識する必要があります。しかも，普通の家庭で育ってきた保育者が想像も及ばないような過酷な経験をしてきている子どもが大半であるという現実があります。保育者はこれらの事態を常に胸の中に仕舞いこみながら，彼らの枯れてしまっている心身から泉が涌いてくるのを静かに見守るつもりで，子どもの支援に携わることが期待されていると思います。

　近年，施設へ入所する子どもの多くが，大なり小なり何らかの形で虐待を経験している状況があります。そのために，保育者は常に個々の子どもの身体や心の動きの観察をするばかりではなく，それぞれが施設の中で織りなす人間関係にまで気配りをする必要が生じています。なぜなら，何らかの虐待経験がある子どもは，施設での生活において抱えている問題を一層顕在化しやすくなる状況にあるからです。また，子どもの経験してきた虐待は単純なものではなく，複合的な虐待経験が多いこともわかっています。そのために，保育者は子どもの対応に苦慮したり，子ども同士のトラブルに遭遇したり，人間関係の調整を行う必要に迫られたりするのは日常茶飯事です。

　これらの事態を背景として，子どもが示す状況や問題に対処するために，公認心理師，心理療法士や看護師，医師，理学療法士等と協働チームを結成し，対象となる子どもの抱えている課題や問題と向き合うために，多様な視点からの検討が必要となります。その中で，子どものおかれている状況を受け止め，語り合ったり，様々な生活上の支援を行ったり，相談援助をしたり，必要とあれば治療的な関わりに重点をおきながら人間性の回復を目指すことになります。

　✎ **演習11-4**

　連携する先として，どのような機関（場所）や専門職（人）がいるか調べてみましょう。その際，「貧困」や「虐待」，「学力不振」等のテーマを設定して考えてみましょう。

2）職員の課題と連携・協働

　先にも述べたように，施設，特に児童虐待を受けた子どもが利用している施設には，「心理療法担当職員」や「個別対応職員」が配置されています。このような多様な職員がそれぞれの持ち味を活かしながら，丁寧に関わり支援していくことで，子どもたちは安定した生活を取り戻していくことができるのです。

　しかし，心理学や精神保健学等に関する高い知識や技術等の専門性を身に付けている人は限られています。たとえ，保育者がそれらの専門性を身に付けていたとしても，心理療法や個別対応が必要な子どもを支援し，歪められた人間性を回復させたり，育ちきれていない自己肯定感を育んだりするための支援を行うことは相当な負担感を伴うものではないかと思われます。施設では限られた人員の中で，子どもの生活すべてを支えているという現状があります。そのため，精神的な病に陥ったり，燃えつきてしまったりして退職する職員が後を絶たないという状況が一方ではあります。

　これらの事態に陥ったときに欠かせないのは，職員間の相互支援です。施設現場で共に支援活動を行っている仲間や，適切なアドバイスをしてくれる同僚の存在は貴重です。子どもを支援する際に自分が感じている違和感や苦悩，つまずき，矛盾等を言葉として表現し，それらに向き合い，仲間や同僚と分かち

合うことは，子どもの抱えている問題や苦悩等を解決・緩和することにつなが
る効果を高めます。

2　事例を通して学ぶ相談援助の実際

　ここでは専門技術としての相談援助技術に焦点を合わせた事例を示し，家庭
復帰支援をテーマとして相談援助の実際について学びたいと思います。相談援
助技術に関しては，本章第1節の「（3）保育者が活用する多様な技術」の
「2）相談援助技術」で一部触れていますが，基本的には生活上の問題を抱え
ている人々，心身に障害のある人々，社会的な差別を受けている人々等に対し
て，相談援助ができる関係を構築し，問題の解決・緩和を図るために支援した
り，援助したり，アドバイスをしたり，社会福祉関係の社会資源を紹介したり
する活動のことを意味しています。
　一般的にイメージする保育者の仕事と，相談援助を行うという福祉活動とは
ほど遠い印象をもちやすいと思われます。しかし，保育実践は，保育に類する
領域と相談援助に区分けできる領域とが相互に連続して実践されるという特徴
があることから，相談援助の知識や技術等を学ぶことは重要です。

（1）相談援助の必要性

　ここでは相談援助とはどのようなことを行うのかについて，事例を通して演
習形式で学びます。(3)まず事例11-1に目を通し，その後で記述されている演習
について各自で考えてみて下さい。次に，グループごとに話し合ってみましょ
う。なお，事例では児童の権利擁護の重要なテーマである施設から自宅へ生活
の場を戻すことがテーマとなっています。

事例11-1　母親の再婚

　小野京子さん（35歳）はひとり親家庭の母親です。ご主人とは子どもの小野
美智ちゃん（5歳）を出産した直後に離婚しています。京子さんは離婚直後に

美智ちゃんを実家の両親に預けて出版社で働いています。しかし，美智ちゃんが3歳になる頃から情緒が不安定になったり動きが激しくなったりしたことから，高齢の両親による子育てが困難となり，美智ちゃんをやむなくA児童養護施設に預けることにしました。なお，美智ちゃんは，施設入所前の児童相談所における判定で自閉症であることがわかっています。

　これまで母親の京子さんは美智ちゃんと面会するために週末には必ず施設へ顔を出していました。ところが5カ月ほど前から，京子さんが美智ちゃんと面会する回数が徐々に少なくなってきています。また，これまで自宅から施設まで往復する際はバスを利用していたのですが，このところ中年の男性に車で送ってもらっている様子を施設の職員が何度か見かけています。加えて，京子さんが担当保育者の佐藤理子さんに何か話をしたいのではないかと思われる雰囲気を示しています。このようなこともあって，理子さんは母親の京子さんが来園する度に，美智ちゃんが順調に成長していることや日常のエピソードを話したり，施設内の喫茶ルームに誘ったりして支援関係が深まるように努めています。しかし，これまで京子さんの口からこれといった家庭や自分の生活の変化等について語られる気配は見られない状況が続いています……。

演習11-5

　事例11-1から読み取れる京子さんの変化は何でしょうか。またそれについて，保育者としてどのような関わり方ができるか考えてみましょう。

　施設で子どもや家庭を支援していく際には相談援助は欠かせない業務となります。相談援助は，生活に課題がある人を対象に，その人に必要な社会資源との関係を調整して，課題解決，自立，自己実現等，より良く生きるための過程を支える流れをつくる支援のことを意味しています。

　事例11-1の母親の京子さんのケースでは，まず京子さんと担当保育者である理子さんが気軽に相談できる関係づくりを努めて行うことが求められます。このような関係を構築するために，保育者の理子さんが自分自身に関する情報，たとえば，両親が未熟児で生まれた自分を大切に育ててくれた話や，素行の悪い弟に手を焼いている話など，母親の京子さんとの会話のなかでありのままの

自分を伝える，自己開示を行うことも有効だと思います。

　この事例の設定の内容のみで決めつけることは危険ですが，京子さんが時折，施設で見かける男性との結婚を考え，美智ちゃんの引き取りを考えていたり，あるいは男性の要望で施設に預け続けなければならなかったり，美智ちゃんを施設において所在不明になる危険性も予測されます。いずれにしても美智ちゃんにとっては人生における重要な問題です。

（2）子どもと保護者を支える

　次の事例11−2では，美智ちゃんの母親の京子さんが美智ちゃんの自閉症の障害をなかなか受け入れられないこと，つまり障害受容の難しさをテーマとして記述しています。まず事例11−2に目を通し，その後で記述されている質問について各自で考えてみて下さい。また，その後でグループごとに話し合ってみましょう。

> **事例11−2　母親の子どもの障害受容**
>
> 　担当保育者の理子さんは，母親の京子さんが来園されるときには，できる限り時間をつくっていろいろな話をするようにしていました。その中で，京子さんはいつも「なぜ，美智は私を困らせることばかりするのか」「いくら注意しても話が通じない」「とぼけたように，同じようなことばかりいってくる」等，美智ちゃんの"できないこと"ばかりに注意が向いてしまっているようでした。そして，母親が問題にしている美智ちゃんの行動の多くは自閉症の特性によるものであると思われたことから，その説明をすることにしました。そこで，美智ちゃんに自閉症の障害があることを，診断書を示しながら繰り返し説明をすることにしました。しかし，なかなか自分の子どもに障害があることを受け入れられないようです。先日も面会に訪れた際に，美智ちゃんがついつい京子さんのバッグを投げつけたり，興奮して走りまわったりしたときに京子さんが驚いてしまい，強く美智ちゃんを叱ってしまいました。

── 🖊 **演習11-6** ──────────

　事例11-2に目を通し，母親の京子さんになったつもりで考えてみましょう。その際，母親はなぜ美智ちゃんの障害という事実を受け入れられないのかも考えてみましょう。

　まず，ここでは担当保育者の理子さんは，母親の京子さんに美智ちゃんが現在おかれている状況について伝える必要があります。たとえば，美智ちゃんは母親と自宅で暮らすことができない状況におかれ，寂しい状況にあります。くわえて，施設には自宅と異なる生活環境や生活リズム，生活慣習，文化があります。そして，他の様々な問題や課題を抱えた子どもたちとともに生活していかなければならない現実があります。これらを背景として，美智ちゃんは想像以上のストレスを感じ，戸惑っている可能性があります。これらの美智ちゃんの心身の状況やおかれている立場について，母親の京子さんが知ることは大切なことです。

　また，保育者の理子さんは，母親の京子さんに，現在，美智ちゃんが施設に慣れようと努めていること，また，少しずつ落ち着きを取り戻してきていること，そして，徐々に成長している部分があること等についても伝え，美智ちゃんと京子さんの親子関係の調整を図る必要があるのではないかと思います。

　その上で，保育者の理子さんは母親の京子さんに「美智ちゃんが示す逸脱した行動のすべてが障害によるものだと決めつけることは適切ではないのですが」と前置きした上で，美智ちゃんのことを深く理解するためには自閉症とはどのような障害か，あるいは特徴的な行動にはどのようなものがあるか等についてわかりやすく説明する必要があります。具体的にいえば，自閉症の人には，社会性発達の質的な障害，コミュニケーションの質的な障害，興味や活動の偏り等の主に3つを特徴とした症状が現れることを説明し，そして，これらの特徴が京子さんの理解しかねている「困らせることばかりする」「話が通じない」「同じ話ばかりする」等の，美智ちゃんが日常的に示す言動との関連性について気づいてもらう必要があります。また，同時に，これらの特徴は単に注意す

るだけで改善するのは難しいことも理解してもらう方が好ましいと考えられます。

　次に担当保育者の理子さんにとっては，障害のある子どもを抱える保護者や家族がどのような過程を経て子どもの障害を受容することができるようになるのか，そのプロセスを学ぶことが大切です。子どもの障害を通知されたときには，保護者や家族は強い精神的ストレスを受けやすくなります。加えて，母親や家族の精神状態の不安定さは，障害のある子どもの精神や心の発達に強い影響を与える危険性につながります。そのために，保育者は，保護者や家族に対して障害に関する正しい理解や，障害に向き合える自信，あるいは将来に向けて（ある程度の）見通しをもって子育てや療育に取り組むことができる覚悟をもつことができるようになるための支援を行う必要があります。

　この事例でも，京子さんは精神的ショックを受けたり，否認したり，悲しみにくれたりすること等を繰り返しながら，支援が順調に進めば，少しずつ美智ちゃんの障害を受け入れていく過程を歩むことができるようになっていくと思います。その視点から考えてみると，理子さんが「診断書を示しながら繰り返し説明をしています」というところが問題となります。母親はこれまで児童相談所や医師から美智ちゃんの自閉症の障害については幾度も障害の専門家からの情報として伝えられていると思います。人生を歩む上では誰もがわかっていても受け入れられない経験をしたことがあると思います。母親の京子さんも，同じような状況にあると予測されます。やはり母親や親族等が美智ちゃんの障害を受け入れることができるようになるためには，それ相当の時間と粘り強い施設側の支援が必要となります。したがって，この時点で担当保育者である理子さんが焦りや苛立ちの感情をもつことは禁物です。むしろ，保育者の理子さんは京子さんの肯定的感情や否定的感情に寄り添いながら理解を示し，美智ちゃんに関する課題や問題が生じたときには，対処方法について母親の京子さんと共に考えながら忍耐強く支えていく姿勢が必要となります。

（3）これからの生活に向けて

　その後，保育者の理子さんとの話し合いを重ねる中で，母親の京子さんは，障害のことも含め，美智ちゃんに対して向き合う姿勢も見られるようになり，面会の回数も増えてきました。

　美智ちゃんは施設入所以前と比較して，精神的な状況や行動が徐々に落ちついてきている気配が感じられます。そこで，美智ちゃんの今後（進路や退所）について母親の京子さんと相談することにしました。

事例11-3　障害のある子どもの進路や退所

　美智ちゃんは6歳になりました。母親の京子さんも日常生活が安定したことから，顔色や表情が良くなってきました。そして，美智ちゃんの退所する時期や今後，普通の小学校に入学するのか，あるいは特別支援学校に進むのか決めなくてはならない時期が迫ってきました。美智ちゃんの自宅や小学校，特別支援学校，施設は比較的近い距離にあります。

　母親の京子さんは美智ちゃんの自閉症の障害の状況は中度なので，学校生活には支障がないと考えて普通の小学校への入学を望んでいます。

　それで，これを良い機会として母親の京子さんと美智ちゃんの今後について施設側と相談することになり，園長先生や指導課長，主任，担当保育者の理子さんが京子さんと面談を行うことになりました。なお，美智ちゃんは園長の判断で同席させないことにしました。

　相談の際には，母親の京子さんから事前に担当保育者の理子さんに相談があり，一人では不安なので，母親が施設に面会に来る際に車で送迎している男性（中山正さん）と共に施設を訪れたいという希望があり，当日は母親の京子さんと正さんが施設を訪問しました。京子さんから電話を受けた際に，ちょうど良い機会だと思い，担当保育者の理子さんが京子さんに正さんとの関係を訊ねたところ，近いうちに結婚する予定の相手であるとのことでした。美智ちゃんには，お母さんが来園されることは伝えてありましたが，京子さんが見知らぬ男性と一緒に来ているのを見て不思議そうな表情をしていました。

　施設側が京子さんと相談する内容は2つです。

　①　美智ちゃんが今後入学する学校を，普通の学校にするのか，特別支援学校にするのか，方向性を明確にする（小学校入学まで8カ月）。

> ②　小学校，あるいは特別支援学校に入学することを前提として，このまま
>   在園し続けるのか，あるいは退園して自宅の校区の学校へ通うのかについ
>   ての見通しを立てる。

✎ 演習11-7

　ここでは相談援助のあり方について学びます。まず事例11-3を参考にして，
相談内容①については，京子さんにどのようなプロセスを経て決めていくよう
にアドバイスしたら良いか各自で考えて下さい。また，相談内容②では，美智
ちゃんが施設から退園する時期やプロセス，手法についてどのような形で話を
進めていく必要があるのかについて各自で考えてみて下さい。そして，相談内
容①および相談内容②について各自が考えた後で，グループごとに話し合って
みましょう。

1）相談内容①について

　今回の相談は美智ちゃんの将来のことを相談するので，本来ならば美智ちゃ
んが同席するのが常識的な考え方ではないかと思います。ただし，美智ちゃん
の判断力や相談する内容，予想されるやり取りが美智ちゃんの心身に負担を与
える危険性があるので，同席しない形を選択したのは正解だと思われます。

　まず美智ちゃんの進学先（小学校・特別支援学校）ですが，基本的には美智ち
ゃんの意思を尊重する形で進めていく方が自然だと思います。しかし，まだ入
学まで8カ月ありますので，親子で普通の小学校の授業参観をしたり，特別支
援学校を訪問したり，教育委員会の意見を参考にしたりしながら，時間をかけ
て結論を出した方がよいのではないかと考えます。

2）相談内容②について

　美智ちゃんは施設生活や人間関係にも徐々に慣れてきており，日常生活や精
神状態も落ち着いてきています。それらの状況から判断すると，今後，美智ち
ゃんに関する施設からの支援をどこまで継続するのか，あるいは退所はいつ頃
を目途にするのか等について見通しを立てなくてはなりません。まず①美智ち

ちゃんが小学校，あるいは特別支援学校へ入学するまで，比較的時間（8カ月）があることから，入学前に退所し，自宅での生活や学校での生活に慣れるまで支援を継続する，あるいは②美智ちゃんが学校へ通学するという生活習慣や学校自体に慣れるまで様子を見てから退所の時期については考え，美智ちゃんが自宅での生活に落ち着くまで支援するという2つの選択肢があります。

　そのなかで，京子さんと正さんが近いうちに結婚するという家庭環境に変化が生じることが予想されます。いずれにしても退所することを前提として今後の支援の方向性を考えていくとすれば，美智ちゃんの自閉症の障害や気持ち，そして精神状況等を，京子さんや正さんが受け止めることができるようになるまでは，施設側が支援を根気強く時間をかけて行っていく必要があります。

　また，京子さんと結婚する予定の正さんとの関係を，幼くて，かつ障害のある美智ちゃんが理解することは難しいことだと思います。そのために，美智ちゃんが正さんを義理の父親として受け入れることができるようになるためにはどのような段階を踏んだらよいのか，母親の京子さんや正さんと施設側が綿密に相談することは欠かせないことだと思われます。

　むしろ，美智ちゃんや母親の京子さん，義理の父親になる予定の正さんが一番優先すべきことは，美智ちゃんと正さんとのしっかりとした親子関係の形成や新しい家庭の構築かもしれません。

　当面は週末帰宅を繰り返しながら，施設側は美智ちゃんが新しい家庭環境や入学する学校，新しい人間関係に慣れるまで，焦らないで丁寧な支援を心がける必要があると思います。また，正さんと美智ちゃんが柔軟な親子関係を築くことができるようになるためには，それ相当の時間と京子さんや正さんの気配りや丁寧な家庭づくりが求められると考えます。

3　演習を通して学ぶ社会的養護の展望

　ここでは保育者が施設で行う相談援助の現状と課題について，演習形式で検討していきたいと思います。演習課題について各自で考え，その後，それぞれ

のグループごとに話し合ってみましょう。

（1）保育や相談援助の現状と課題

　施設において保育者が行う相談援助の課題の一つとして，保育者の知識や技術では虐待や困難事例，モンスターペアレント等には対応できにくいという経営者側の認識があります。また，保育者自身も簡単な発達相談やしつけ等に関する相談はできるが，複雑な家庭内の相談や悪質な虐待等に関する相談や対応はできないと思いがちです。これらの理由から，経営者側に相談援助は社会福祉士や精神保健福祉士の役割であるという認識があるように思います。そして，保育者も自らの手に負えない家庭に出会った時に，この家庭への対応は自分の役割ではないと考えてしまい，安易に「困った家庭」「厄介な家庭」などと見てしまいがちになります。固定化されたイメージにより，ダメな保護者のレッテルを支援者である保育者が貼ってしまうことや，支援や取り組みがうまくいかないことを対象となる家庭の問題としてしまうことは，対象となる子どもに何ら利益をもたらすものではありません。保育者は子どもや保護者のより良き支援仲間となるために，適切な支援関係を形成する必要があります。

　──　✎演習11-8

　　保育者は相談援助業務について，どこまで関わるべきでしょうか。保育者や社会福祉士・精神保健福祉士の業務について調べて，それぞれの役割について考えてみましょう。

（2）保育者の保育や相談援助に求められる倫理や価値

　施設における虐待事例は後を絶たない実態があります。また，許しがたいのは，施設内で虐待が行われていても当該地方自治体に通知されていない数が多いということです。虐待問題は，施設で就労する保育者に課せられた重要な課題です。

　これらの対処法としては，原因・要因の把握・分析と虐待防止対策の確立，

虐待が起きてしまった場合の対応等に関するマニュアル整備とその活用が重要視されています。しかし，これらの小手先の対処法では施設内虐待の問題は解決・緩和する方向には向かいません。

　もちろん，虐待防止に対するマニュアルの整備と活用についての必要性については誰もが理解をしています。しかし，最も重要な視点は，対人援助の専門職である保育者が，自身の業務について誇りをもつことだと思います。保育者が保育や相談援助を行う専門職としての価値や倫理のあり方について再度考え，原点に戻り，それぞれの役割や社会的責任を見直し，専門的知識の質や技術について考えていかなければなりません。

🖉 **演習11-9**

　全国保育士会倫理綱領（本書第3章参照）を読んだ上で，保育者としての倫理や価値を高めるために日々できることは何があるか，考えてみましょう。

（3）保育者と相談援助に関する展望

　保育者は，相談援助の基礎教育を受ける機会が少ないという問題点があります。保育者を養成する大学や専門学校では教科科目として学ぶ機会はありますが，実習や就職後の研修の中で継続して相談援助について学ぶ機会はほとんどありません。そのために，保育者は保育の専門職ではありますが，相談援助は別の専門職が担当すると考える人が多いのが現状です。保育者の専門領域は子どもを保育することであり，相談援助に関しては，保護者に対して子どもの発達や成長に関する子育て支援や虐待不安等の相談に対応できる力があれば良いという思いがあり，家庭内の問題やトラブル，生活問題等について相談を受けるのは保育者の役割ではないという意識がどこかで働いているのではないかと推察されます。

　しかし，保育者が施設を利用する子どもや家庭の相談を受ける機会は確実に増えてきています。なぜなら，貧困家庭の問題やひとり親家庭の問題，あるいは子どもに対する虐待の問題，適切な保育を行うことができない保護者の増加

等，様々な問題が一般社会の問題として浮上してきたからです。

　先にも述べたように，施設の分野では子どもや家庭の相談援助は社会福祉士や精神保健福祉士等の専門家の役割であり，保育者は子どもの保育や教育等を担うのが主な仕事であるという考え方が固定化している雰囲気がありますが，施設で勤務する社会福祉士や精神保健福祉士は人数や人材が限定されることから，職員の相当数を占めている保育者も相談援助の相談員の役割を担う必要性が増してきているのです。したがって，保育者も相談援助に関する知識や技術を機会あるごとに学び，子どもの専門家として基本的な相談援助の知識や技術を身に付けておく必要があります。

─ ✎ 演習11 -10 ─

　保育者が，施設において相談援助業務を担当することができるようになるためには，どのような取り組みやシステムが必要になると思いますか。それぞれで考えてみましょう。また，その後でグループごとに意見交換をしましょう。

─ 事後学習 ─

① 家庭復帰支援の事例に注目して，数多く目を通しておきましょう。
② 児童が家庭復帰する場合の課題や問題点について，整理しておきましょう。
③ 本章の事例を通して学んだ相談の流れや支援のポイントについて，整理しておきましょう。

注
(1) ソーシャル・ケース・ワークともいう。相談者（支援者）は，来談者（利用者）のもつ多様な問題に対して来談者（利用者）との信頼関係や援助関係を保ち，同時に社会資源の活用を行い，来談者（利用者）が抱える問題の解決や緩和を目指す社会福祉の援助技術である。
(2) 集団に所属する個人が他の参加者との相互作用を通して人間的に成長・発達する過程や，集団自体が社会的に望ましい方向に向かって成長していく過程を支援していく援助方法のこと。
(3) 本章における事例は，筆者が創作したものである。

📖 さらに学びたい人のために

大久保真紀『児童養護施設の子どもたち』高文研，2011年。

　　──新聞記者が児童養護施設に80日間泊まり込んで，児童虐待を受けた子どもたちの声に耳を傾けた記録です。母親たちの苦しみに目を向けた内容は一見の価値があります。

大久保真紀『ルポ児童相談所』朝日新聞出版，2018年。

　　──児童相談所で児童に支援や指導を行っている児童福祉司の活動を，1カ月にわたって取材し，虐待で苦しんでいる乳幼児の現状や児童福祉司による虐待対応の実態について詳細に記述しています。児童虐待の現場を知る上で貴重な一冊です。

第12章	今後の課題と展望

―― 本章の概要と到達目標 ――――――――――――――――――――

（1）概　　要

　今日，子どもたちを取り巻く生活環境は大きく変化しています。家族や家庭のあり方，それらを取り巻く地域や社会も変わってきました。従来，子どもの養育は家族に委ねられ，家族による養育が難しい場合は，主に施設がその役割を担ってきました。しかし，施設だけが支えれば問題が解決するわけではありません。養育を行う家族や養育の場である家庭そのものを，地域や社会全体で支えていく必要があります。これまでに家庭養護として里親制度，ファミリーホーム，養子縁組制度などについて学習してきました。また，施設もこれまでの役割に加えて，家庭復帰に向けた支援や里親の支援等が求められています。本章ではあらためて，社会的養護における家庭支援の課題と展望について，親子間の調整，里親制度の動向，フォスタリングシステム等に焦点を合わせて考えていきます。

（2）到達目標

①　里親制度の現状と課題を説明できる。

②　フォスタリングシステムの課題を説明できる。

―― 事前学習 ――――――――――――――――――――――――――

①　里親の種類を確認しましょう。

②　世界のフォスターケアについて調べてみましょう。

③　2022年の改正児童福祉法について理解を深めましょう。

④　ケアリーバー（社会的養育を離れた人）の現状を調べ，理解を深めましょう。

1　社会的養護における家庭支援

（1）施設養護から家庭養護へ

　これまでに，社会的養護の形態には家庭養護と施設養護があることを学びま

した。日本は第二次世界大戦直後の混乱の中でいち早く児童福祉法を制定し，現在の児童養護施設や里親制度を位置づけました。ホスピタリズムが問題となりましたが，結果的には長年にわたり施設養護が推進されてきました。

　しかし，1994年に国連の「児童の権利に関する条約」に批准したことで，これまでの施設養護に代わって，里親委託等の家庭養護の推進を国際的に求められました。2011年には，厚生労働省から「社会的養護の課題と将来像」が公表され，当時，施設に入所する子どもが9割であったものを，施設養護：家庭的養護：家庭養護を概ね1／3ずつの割合にする社会的養護の将来像が示されました。その一方で，社会的養護としての在宅支援のあり方や，永続的解決（パーマネンシー）の保障，そのための児童相談所を中心とするソーシャルワークのあり方等についての言及が不十分等の限界もありました。

　そして，2016年に児童福祉法が改正されて家庭養育優先原則が示され，家庭支援を行っても家庭での養育が困難または適当でない場合には，特別養子縁組による永続的解決や里親への委託を推進することになりました。この法改正を受けて，先の「社会的養護の課題と将来像」の限界を超えるものとして，2018年8月に「新しい社会的養育ビジョン」（以下，新ビジョン）が策定されました。その中で，家庭養育の原則の実現には，「まず，①家庭維持のための市区町村を中心とした支援体制を早急に構築しつつ，②代替養育における施設養育から家庭養育への移行の徹底を，計画性をもって図らなければならない」とし，市区町村の支援体制を充実させることにより，将来的に代替養育に至る子どもの数を減少させる方向性を示しました。

　また，社会的養護関係施設には，家庭支援専門員や里親相談支援専門員が配置され，親や里親の支援等の機能が求められています。

　このことから，社会的養護における家庭支援には，里親や施設等の代替養育に至る前に家庭を維持するための支援，家庭養護を増やし支える支援，家庭復帰や養子縁組等の親子関係の再構築に向けた支援など，様々な側面があることが考えられます。図12－1は，社会的養護と家庭支援のつながりを示したもので，家庭支援と社会的養護の重なる部分には，家庭養護と呼ばれる里親や養子

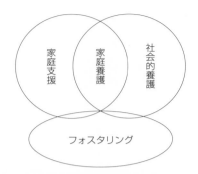

図12 - 1　家庭支援・社会的養護・家庭養護・フォスタリングの概念図
出所：筆者作成。

縁組が含まれます。そして，家庭養護を支援するフォスタリング機関とつなが
っていることを表しています（図12 - 1）。

　次から，それぞれの支援についてみていくことにしましょう。

（2）家庭を維持する支援

　新ビジョンは，「家庭（代替養育家庭も含む）で生活している子どもへの支援」
について，①子ども家庭のニーズに応じた在宅支援サービスの在り方，②ライ
フサイクルを見据えた支援，③保育所等の協働養育についての養育の質の確保，
④「社会的養護」としての子どもと家庭への在宅支援，⑤児童家庭支援センタ
ーのあり方，⑥特定妊婦のケアのあり方，⑦自立支援と18歳以降の支援の継続，
⑧上記を担う職員の質の向上の 8 つの側面から議論をしています。

　議論内容も大切ですが，まず家庭に代替養育家庭を含むことに，あらためて
着目したいと思います。家庭で親による養育が困難となり，里親等による家庭
養護が行われたとしても，それですべての問題が解決するわけではありません。
家族と暮らす家庭であれ里親と暮らす家庭であれ，子どもを養育する家庭とい
う視点で考えるならば，家庭支援のニーズとしては共通だと考えられます。同
様に，子どもという視点で考えるならば，家庭で暮らす子どもも里親等家庭で
暮らす子どもも，子どもとしてかわりありません。そう考えると，当たり前の

ことですが，それぞれの家庭や一人ひとりの子どものニーズは多様であり，多様性に応じた支援が求められることになります。

　ここでは，子ども家庭のニーズに応じた在宅支援サービスのあり方と，「社会的養護」としての子どもと家庭への在宅支援を考えてみたいと思います。

1）子ども家庭のニーズに応じた在宅支援サービスのあり方

①　市町村を中心とした支援体制の構築

　先にふれたように新ビジョンは，市区町村を中心とした支援体制が充実することによって，将来的には代替養育に至る子どもの数を減らす方向性を示しました。そこで考えられたことは，2016年の児童福祉法の改正で規定された，市区町村子ども家庭総合支援拠点の適切な運用でした。

　市区町村の在宅支援の充実強化の要として，①ソーシャルワークを中心とした支援体制を構築し，分野を超えた連携や障害者施策や高齢者施策など他の分野と連携して家庭全体を対象とした包括的な在宅支援に取り組むこと，②それまで議論されてきた緊急度や危険度のアセスメントに加えて，市区町村での子どもと家庭のニーズアセスメントの方法と要支援・要保護の段階の決定の考え方の整理，③ニーズに応じた養育支援や子どもへの直接的な支援サービスメニューの充実，④支援サービスに子どもの意見を反映させることや，子ども同士のエンパワメントの機会や，虐待等を受けて育ったため養育に自信の持てない親同士によるエンパワメントの機会が必要である等の方向性が示されました。

　また，保健師が子ども家庭福祉に関わることができるシステムの構築も求められました。

②　「こども家庭センター」に向けて

　上記の方向性の実現に向けた工程では，市区町村が都道府県と協力をして子ども家庭支援体制の整備を行うこととし，子ども家庭支援の全体構想を構築することや，その構想の策定には保健と福祉の協働，教育との連携，保健師の役割が適切に組み込まれることが示されました。

　厚生労働省が示したイメージは，母子保健法に位置づく子育て世代包括支援センター（法律上の名称は「母子健康包括支援センター」，以下，支援センター）と，

児童福祉法に基づく市区町村子ども家庭総合拠点（以下，支援拠点）が一体的に支援を行うもので，支援センターは主に妊産婦及び乳幼児並びにその保護者を対象として，母子保健施策と子育て支援施策を切れ目なく提供するため，実情の把握，妊娠・出産・育児に関する相談や関係機関との連絡調整等を行い，支援拠点はすべての子どもとその家庭全般に係る業務，特に要支援児童及び要保護児童等への支援業務（危機判断とその対応，調査，アセスメント，支援等）を行うものでした。2021年4月時点で，支援センターは全市区町村の9割以上に設置され，支援拠点は4割弱となっていましたが，2022年に公布された「児童福祉法等の一部を改正する法律」（2024年4月施行）で，支援センターと支援拠点の設立の意義や機能は維持した上で組織を見直し，母子保健と子ども家庭福祉の一体的な相談支援を行う機関として「こども家庭センター」の設置に努めることを市町村に求めました。まさに市区町村における支援体制の構築が図られているところといえるでしょう。

2）「社会的養護」としての子どもと家庭への在宅支援

　児童相談所の児童虐待の相談件数が急増している中で，一時保護所は定員を超え，施設での受け入れも難しい状況や，保護者から支援の同意を得られない等の理由で，在宅で「見守り」を行うケースも非常に多いのが現状です。新ビジョンは，「在宅のままで支援していくことが適切と判断される虐待やネグレクトのリスクを抱えた家庭など，集中的な在宅支援が必要な家庭への支援は『在宅措置』として，『社会的養護』の一部と位置づけ…（中略）…措置に含むものとする」としています。児童相談所の在宅措置（児童福祉法第27条第1項第2号）を活用して，必要な支援を家庭や子どもに確実に行う必要があります。

　新ビジョンでは具体的な在宅支援として，家事援助を含む訪問型の支援や通所型のカウンセリング等が考えられていますが，育児・家事援助や専門的相談支援を行う養育支援訪問事業等では，援助を適切に行う人材や事業所の不足や利用者の理解が進まない（拒否感が強い）などの課題[1]もあり，社会的養護として，在宅でリスクを抱えた家庭や子どもへの支援を確実に行うための方策が求められます。

次に，里親制度を中心に家庭養護への支援をみていきます。

（3）家庭養護への支援――里親制度を中心に

1）里親委託率の推移

新ビジョンは，「最初の数年間は，市区町村の体制整備と並行して，里親の
リクルートから支援及び永続的解決を図るフォスタリング機関事業による質の
高い里親養育体制の確立を最大のスピードで実現することによって，里親委託
の拡充を図ることを最優先課題」としました。そして，愛着形成に最も重要な
時期である 3 歳未満は概ね 5 年以内に，それ以外の就学前の子どもは概ね 7 年
以内に，原則家庭養育（里親委託率75％）[2]を達成し，学童期以降は概ね10年以内
を目処に里親委託率50％を達成する計画を掲げました。その後，都道府県に対
しては国が示した数値目標を念頭に置いた上で，地域の実情を踏まえて，子ど
もの見込み，数値目標と達成期限を設定することを求めました。

国の里親委託率は，新ビジョンが出された2017年度の19.7％から，2021年度
末には23.5％に増えました。2021年度末の年齢別の全国の合計では，「3 歳未
満児」が25.3％，「3 歳以上〜就学前」が30.9％，「学童期以降」が21.7％とな
っています（表12-1）。

自治体間の里親委託率の格差は大きく，2021年度末で最も委託率が高いのは
福岡市の59.3％で，最も委託率が低いのは金沢市で8.6％となっています。委
託率の分母に含まれる施設は乳児院と児童養護施設に限られていることから，
実際の委託率はさらに低いことが考えられます。

他の先進国に比べて日本で
里親委託率が増えない理由と
して，社会全体に里親制度が
知られていないこと[3]や，里親
登録をしても委託をされない
未委託里親が多いこと[4]などが
考えられています。その背景

表12-1　里親委託率の目標と現状

	目　　標	2021年度末
3 歳未満	概ね2022年以内に75％	25.3％
就学前	概ね2024年以内に75％	30.9％
学童期以降	概ね2027年以内に50％	21.7％

出所：こども家庭庁「社会的養育の推進に向けて」2023年，
　　　29頁と「新しい社会的養育ビジョン」を基に筆者作成。

には，広報や啓発活動が十分ではない，里親と子どものマッチングの問題，児童相談所と里親の信頼関係の構築が難しい，実親の同意を得ることが難しい，児童相談所が虐待対応業務に追われて里親委託の業務に十分に関われていない，里親を支援するための体制の整備が十分でないなど，多くの課題があります。

　また，里親になったとしても，里親の80％以上が養育に困難を感じ，25％以上が委託解除の経験があるという調査結果もあります。

　子どもや家庭の生活に関わることですから，単に委託率だけが増えれば良いわけではありません。どうすれば里親・里子共に安心で安全な生活を継続できるかが大切です。そこで，次に里親への支援を見ていきましょう。

2）里親養育包括支援（フォスタリング）

　2016年の児童福祉法改正で，里親に関する業務（フォスタリング業務）は都道府県の責任として規定されました。フォスタリング業務とは，里親のリクルート及びアセスメント，里親登録前後及び委託後の里親に対する研修，子どもと里親家庭のマッチング，里親養育への支援（未委託期間中及び委託解除後のフォローを含む）といった一連の里親に関する業務のことです。

　新ビジョンでは，里親のリクルートを最重要課題としつつ，質・量の両面で里親養育を充実強化するには「フォスタリング業務が専門性の高いソーシャルワーク組織として成熟していくことが必要」と述べています。そして，2018年に，その業務を社会福祉法人やNPO法人等（民間フォスタリング機関）に委託することも想定して，「フォスタリング機関（里親養育包括支援機関）及びその業務に関するガイドライン」が策定されました。

　最終的なフォスタリング業務は都道府県が責任を負うこととされ，児童相談所と民間フォスタリング機関の連携や，里親とフォスタリング機関がチームを組んで子どもの養育を行う「チーム養育」が大切だと考えられています。

　乳児院や児童養護施設には里親支援専門相談員が配置され，児童相談所と協力しながら，里親の新規開拓，里親への研修，里親委託の推進，里親家庭への訪問及び電話相談，レスパイトケアの調整，里親会活動支援等の業務を担っています。また，里親会による里親サロンの開催や啓発活動等や，児童家庭支援

センターによる相談等も行われています。

　自治体がフォスタリング業務において課題に感じていることは，「未委託里親への対応」「支援継続のための安定した支援実施体制」「フォスタリング業務の質の確保」が挙げられています[6]。

　研修や相談や里親同士の交流を通して，里親自身が社会的養護の担い手として里親制度を正しく理解することを促すとともに，里親が悩みを感じた時に孤立しないように支えていくことがますます重要となります。

（4）家庭復帰や永続的解決への支援

　施設であれ里親であれ，代替養育は原則として限られた期間の養育であって，永続的解決までの一時的なものです。そのため新ビジョンは措置を行った児童相談所に，家庭復帰，養子縁組，特別養子縁組といった永続的解決を目標としたソーシャルワークを行うことを求めています。たとえば，家庭復帰に向けたプランについて「親・子ども・家庭・地域のアセスメントに基づき，親や家庭支援の頻度・内容・担う機関や人材の計画，その計画の効果の評価方法，子どもと親の再統合に向けた計画などが含まれ，児童相談所が責任をもって計画し，施設や里親と共有し，実行すべき」であると述べています。

　また，施設に対しては「子どもの抱える家族との関係性の問題等の解決を目指した支援」を求め，その際には「単に親子の交流や面会を促進するという視点ではなく，…（中略）…子どもの支援のために親ができることを模索するという観点に立つことが必要である」と述べています。施設に配置された家庭支援専門相談員だけではなく，すべての職員が持つべき視点でしょう。

　さらに里親に対しても，児童福祉法第48条の3に基づき，里親委託中の子どもと実家族との面会の保障等家庭復帰に向けた支援を行うことを求めています。

　社会的養護における家庭支援について，家庭を維持する支援，家庭養護への支援，家庭復帰や永続的解決への支援を通して検討を行いました。子どもや家庭に関する施策が動いている中で課題は山積していますが，新ビジョンに照ら

して考えて解決をしていくことが大切です。

2　社会的養護の課題と展望

　ここでは，2024年4月より施行される改正児童福祉法と照らし合わせながら，社会的養護の課題と今後の展望について考えていきたいと思います。社会的養護については，2023年4月に誕生した「こども家庭庁」が司令塔としての役割を，厚生労働省より移譲され，「こどもまんなか社会の実現」を目指していることは把握できていると思います。厚生労働省から2017年に打ち出された「新しい社会的養育ビジョン」を実現するために，どのような問題点や課題があるのか，そして今後はどうのようになっていくのかを一緒に考えていきましょう。

（1）2022年の児童福祉法改正

　2016年の児童福祉法改正では，「子どもが権利の主体であることを明確にし，家庭への養育支援から代替養育者までの社会的養育の充実とともに，家庭養育優先の理念を規定し，実親による養育が困難であれば，特別養子縁組による永続的解決（パーマネンシー保障）や里親による養育を推進することを明確にした[7]」として，子どもが権利主体であることや特別養子縁組制度の活用による子どものパーマネンシー保障を明記しました。そして，2022年6月に，児童虐待の相談対応件数の増加や子育てに困難を抱える世帯が増加している状況を踏まえ，「子育て世帯に対する包括的支援を行うこと」「新たな子ども家庭福祉の構築」を目的とする改正児童福祉法が成立しました。この改正法は7つの柱によって構成され，①子育て世帯に対する包括的な支援のための体制強化及び事業の拡充，②一時保護所及び児童相談所による児童への処遇や支援，困難を抱える妊産婦等への支援の質の向上，③社会的養育経験者・障害児入所施設の入所児童等に対する自立支援の強化，④児童の意見聴取等の仕組みの整備，⑤一時保護開始時の判断に関する司法審査の導入，⑥子ども家庭福祉の実務者の専門性の向上，⑦児童をわいせつ行為から守る環境整備（性犯罪歴等の証明を求める

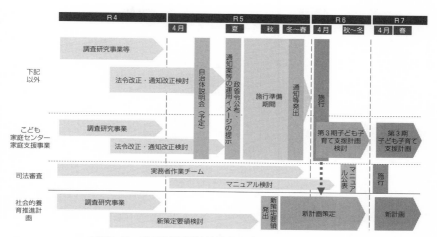

図12-2　改正児童福祉法施行に向けたスケジュール

出所：厚生労働省「令和4年6月に成立した改正児童福祉法について」【資料3】改正児童福祉法施行スケジュール（https://www.mhlw.go.jp/stf/seisakunitsuite/bunya/kodomo/kodomo_kosodate/jidouhukushihou_kaisei.html，2023年8月8日アクセス）。

仕組み（日本版DBS）の導入に先駆けた取り組み強化）等，となっています[8]。

　この改正法の概要の2つ目では，「一時保護所の設備・運営基準を策定して一時保護所の環境改善を図ること，また，児童相談所による支援の強化として，民間との協働による親子再統合の事業の実施や，里親支援センターの児童福祉施設としての位置づけ等を行うこと，および，困難を抱える妊産婦等に，一時的な住居や食事提供，その後の養育等に係る情報提供等を行う生活支援事業を創設すること[9]」が挙げられており，その実現のために都道府県等は図12-2のような行程で計画案を策定しています。

　このように，社会的養育を必要とする子どもに対して，永続的な安心と安全を確保するために，法律の整備や生活の場，親子関係の修復，ケアリーバーに対する支援などが進められてきています。

（2）親子再統合支援事業

　社会的養育を必要とする子どもたちに永続的解決（パーマネンシー保障）を提

供するには，どのようにすればよいのでしょうか。

　その一つの方法として，本来の姿に戻すこと，すなわち実親と一緒に生活することが，子どもにとっての最善の利益となり得ると考えられます。その方法として考えられるのが，「親子再統合事業」といえるでしょう。

　親子再統合事業は，都道府県等の事業として位置づけられ，親子の再統合（親子関係の再構築等）が必要と認められる児童とその保護者を対象に，児童虐待防止につながる情報の提供，相談，助言等を行うことを目的としています。[10]具体的には，2015年度先駆的ケア策定・検証調査事業で実施された「社会的養護関係施設における親子関係再構築支援の取組に関する調査報告書」によると，児童養護施設，乳児院に入所している子どもの3割が，家庭復帰を目指した支援を受けていることが明らかになりました。その一方で，家庭復帰は困難であると判断され，一定の距離を保った交流を続ける中で親子関係を再構築する支援を受けている子どもが，児童養護施設5割，乳児院において4割を占めていました。さらに，親子の交流が望ましくないと判断され，生い立ちや親との関係の心の整理をしつつ，永続的な養育の場の提供に向けた支援を受けている子どももそれぞれ2割を占める状況にありました。[11]それ以外にも全国の社会的養護関係施設等において，親子関係再構築支援の積極的取り組みがなされていることがわかり，それを基にして，2017年には『親子関係再構築支援実践ガイドブック』が作成されています。[12]このガイドブックでは，ピア・カウンセリングや心理カウンセリング，保護者支援プログラムなど親子で参加できるものや親のみが参加するものなど様々な取り組みが実施されてきていることが，事例を交えて報告されています。

　児童の権利に関する条約第9条には，「親と引き離されない権利」が謳われているように，子どもにとって親と一緒に生活できることが「最善の利益」と考えることができます。そのためにも，子ども虐待を無くすこと，子育て中の親を支えることが重要であることが理解できると思います。その方法論としての親子再統合支援事業ということを理解してほしいと思います。

　また，どうしても実親と一緒に生活できない，生活することが難しい子ども

に対しては，里親制度や社会的養育に関する施設での保護，特別養子縁組など
を活用して，永続的解決（パーマネンシー保障）を確保することが必要になって
きます。

　この中の里親制度については，前節で詳しく説明していますが，ここでもう
一度確認しておきましょう。

（3）特別養子縁組制度の課題と展望

1）特別養子縁組の現状

　特別養子縁組制度は，1973年に望まない妊娠により生まれた子どもを養親に
実子としてあっせんしたことを自ら告白した菊田医師事件等を契機に，子ども
の福祉を積極的に確保する観点から，戸籍の記載が実親子とほぼ同様の縁組形
式をとるものとして，1987年に成立した縁組形式です[13]。

　この制度は，家庭裁判所の審判により，親子関係を新たに設定する養子縁組
で，子どもの福祉のために行われる制度であり，子どもが養親と法律上の親子
関係を結ぶことで，経済的，社会的，情緒的な安定を得ることができるように
なり，永続的解決につながると考えられています。

　2017年8月公表の「新しい社会的養育ビジョン」でも，「永続的解決（パー
マネンシー保障）としての特別養子縁組は有力，有効な選択肢と考えるべきで
ある[14]」と明記され，「概ね5年以内に，現状の約2倍の年間1000人以上の特別
養子縁組成立を目指し，その後も増加を図っていく[15]」という目標値が設定され
ましたが，図12-3のように，特別養子縁組の成立件数は大きな変化を示して
おらず，目標の達成は難しい状況になっているといえるでしょう。

2）特別養子縁組の仕組み

　特別養子縁組制度の仕組みについては，厚生労働省の検討会において全国の
児童相談所・民間の養子あっせん団体に対して実施した調査結果から，「要件
が厳格」等の理由により制度を利用できなかった事例が2014年から2015年の2
年間で298件にものぼり，成立要件の緩和が必要となったことが挙げられます[16]。

　これにより，2019年3月に開催された厚生労働省社会保障審議会児童部会に

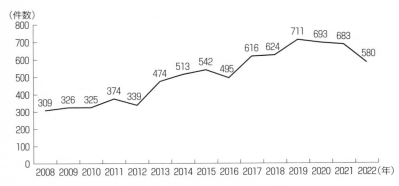

図12－3　特別養子縁組の成立件数

出所：最高裁判所　司法統計資料を基に筆者作成。

おいて，制度見直しの要項案が提示され「第1　養子となる者の年齢要件等の見直し，第2　特別養子縁組の成立の手続きに係る見直し」が行われ，その改正点については，表12－2のようになっています。

　このように，「子どもの最善の利益」と「子どもの権利」を考え，法改正が行われていますが，未だ国の掲げた目標を達成するには至っていないことがわかるとと思います。

3）特別養子縁組の成立要件

　それでは，実際に特別養子縁組の成立要件は，どのようになっているのかを確認してみましょう。

　　①　縁組の成立
・養親の請求に対し家庭裁判所の決定により成立。
・実父母の同意が必要（ただし，実父母が意思を表示できない場合や実父母による虐待など養子となる者の利益を著しく害する理由がある場合は，この限りでない）。
　　②　要　　　件
・養親：原則25歳以上（夫婦の一方が25歳以上であれば，一方は20歳以上で可）。
　　　　　配偶者がある者（夫婦双方とも養親）。

表12-2　特別養子縁組成立の手続の見直し（2019年）

見直しのポイント	改正前	改正後
対象年齢の拡大 【児童福祉の現場等からの指摘】 年長の児童について，特別養子縁組制度を利用することができない	・原　則 審判の申立て時に6歳未満であること ・例　外 6歳に達する前から養親候補者が引き続き養育⇒8歳未満まで可	(1)審判申立時における上限年齢 　　（新民法第817条の5第1項前段・第2項） ・原則：審判の申立て時に15歳未満であること ・例外：①15歳に達する前から養親候補者が引き続き養育かつ，②やむを得ない事由により15歳まで申立てできなかった場合 (2)審判確定時における上限年齢 　　（新民法第817条の5第1項後段） 審判確定時に18歳に対している者は縁組できない (3)養子候補者の同意 　　（新民法第817条の5第3項） 養子候補者が審判時に15歳に達している場合には，その者の同意が必要。（15歳未満の者についても，その意思を十分に考慮しなければならない。）
特別養子縁組の成立の手続きの見直し 【児童福祉の現場等からの養親候補者の負担軽減について指摘】 ①実親による養育状況に問題ありと認められるか分からないまま，試験養育をしなければならない。 ②実親による同意の撤回に対する不安を抱きながら試験養育をしなければならない。 ③実親と対立して，実親による養育状況等を主張・立証しなければならない。	養親候補者の申立て（1個の手続き） （審理対象） ・実親による養育が著しく困難又は不適当であること等 （実親の養育能力，虐待の有無） ・実親の同意（審判確定まで撤回可能）の有無等 ・養親子のマッチング 6カ月以上の試験養育 （養親の養育能力，養親と養子の相性）	2段階手続きの導入 (1)2段階手続きの導入 　　（新家事事件法第164条・第164条の2関係） 特別養子縁組を以下の二段階の審判で成立させる （ア）実親による養育状況及び実親の同意の有無等を判断する審判（特別養子適格の確認の審判） （イ）養親子のマッチングを判断する審判（特別養子縁組の成立審判） ⇒養親候補者は，第1段階の審判における裁判所の判断が確定した後に試験養育をすることができる (2)同意の撤回制限 　　（新家事事件手続法第164条の2第5項関係） ⇒実親が第1段階の手続きの裁判所の期日等でした同意は，2週間経過後は撤回不可 (3)児童相談所長の関与 　　（新児童福祉法第33条の6の2・第33条の6の3） ⇒児童相談所長が第1段階の手続き申立人又は参加人として主張・立証をする

出所：こども家庭庁「社会的養育の推進に向けて」2023年を基に筆者作成。

・養子：原則，15歳に達していない者。

　　　　　子の利益のために特に必要がある時に成立。

③　実父母との親族関係

実父母との親族関係が終了する。

④　監護期間

6カ月以上の監護期間を考慮して縁組。

⑤　離　　縁

養子の利益のため特に必要があるときに養子，実親，検察官の請求により離縁。

⑥　戸籍の表記

実親の名前が記載されず，養子の続柄は「長男（長女）」等と記載。

　これらの要件は，2021年4月から適用されており，こども家庭庁のホームページから特設サイトがリンクされており，周知広報活動が行われています。このようにして，社会全体で子どもが安心・安全に生活できる体制を整えることが必要になってきていることが理解できると思います。

（4）ケアリーバーの課題と展望

　2021年の社会的養護施設等で生活をしている子どもたちは，4万1,773人となっており，そのうち，児童養護施設や里親に委託されている子どもは，2万9,083人となっています。[17]　このうち，児童養護施設や里親の下を措置解除となり自立していった子どもたちは，6,119人となっています。[18]　この児童養護施設や里親など社会的養護のケアから離れた子ども・若者のことを「ケアリーバー」といいます。

　厚生労働省は「新しい社会的養育ビジョン」の中で，2020年度までにケアリーバーの実態把握の実施，自立支援ガイドラインの作成，里親等の代替養育機関，アフターケア機関の自立支援機能の強化などを目標設定しています。[19]　これを受け，初めての全国規模の実態調査が三菱UFJリサーチ＆コンサルティン

グによって実施され，2021年3月に初めての全国調査の報告書が作成，公開されました。

　ここで，調査結果について触れてみたいと思います。

1）本人記入調査の主な結果

①　回答者の年齢と最後に生活していた施設等

　回答者の調査時点での年齢は，「21歳」が18.4％，「20歳」が18.4％の順に多く，15歳から28歳以上と幅広い年齢層から回答がありました。最後に生活した施設等の種類は，「児童養護施設」が75.8％，「自立援助ホーム」が7.8％，「里親」が6.7％となっており，未だ施設養護が多いことがわかります。退所時の年齢は，「18歳」が60.0％と最も多く，「19歳」が10.4％，「15歳」が7.4％となっていました。

②　退所直後の進路と住まい

　退所直後の進路については，「就職・就労」が53.5％と最も多く，次いで「進学・通学」が36.3％となっています。「就職・就労」の雇用形態については，「正社員」が51.8％で，「パート・アルバイト」が34.5％，「契約社員・派遣社員」が8.6％となっていました。退所直後の住まいについては，「民間賃貸住宅」が41.9％と最も多く，「会社や学校の寮」が19.9％，「親の家」が17.3％となっていました。

また，「ひとり暮らし」が51.7％，「親と同居」が21.3％，「交際中の人，配偶者または結婚相手」が17.2％となっていました。

③　家計の状況

　退所後の家計の状況は，「収入と支出はほとんど同じくらい」が31.4％，「収入の方が多い（黒字）」が26.8％，「支出の方が多い（赤字）」が22.9％となっており，その中でも，特に「通学あり・就労あり」の場合は，赤字の割合が34.4％と高くなり，多くの子どもたちが経済的に困窮していると考えられます。

④　退所前の施設等とのつながり

　退所前に生活していた施設等とのつながりについては，直近1年間の施設等との連絡頻度は，「2～3か月に1回以上」が27.2％，「月に1回以上」が20.7

％，「半年間に1回以上」が18.8％となっていますが，退所から時間が経過すると連絡頻度が減少する傾向にある，となっています。

　この施設等とのつながりにおいて，子どもの充足感については，「月に1回以上」，「2～3か月に1回以上」と回答した子どもでは，「ちょうど良い」の割合が75％を超えていました。「半年に1回以上」よりも低頻度になると，「少ない」，「やや少ない」の割合が増加し，子どもたちはつながりを求めていると考えられます。

　⑤　施設等から受けたサポート等

　この項目では，退所に向けて受けたサポートと退所後に受けたサポートについて質問しています。退所に向けて受けたサポートでは，80.7％の子どもが何かしらのサポートを受けています。その内容は，「退所後の住まい探し・同行」39.2％，「困りごとやわからないことの相談先や相談方法の案内」36.7％，「家事（料理・掃除等）の練習・指導」31.5％と多くなっていました。施設等で職員などの大人に支えられている生活から一人での生活に変化していくことが，計画的に進められなければならないことがうかがえます。

　また，退所後のサポートについては，「施設等や公的な相談機関からサポートを受けた」割合が62.7％となっています。その内容については，「日常的な雑談・相談」36.0％，「不安やトラブルなどの悩みの相談」24.4％となっており，相談支援が中心となっていました。しかしながら，「サポートは受けていない」19.4％となっており，およそ2割の子どもが孤立している可能性があることもわかってきました。

　⑥　公的なサポートへの意見・要望

　この項目では，退所に向けての不安や心配事，退所後の現在困っていることの両方で，「生活費や学費のこと」がそれぞれ47.0％と33.6％と最も多くなっており，次いで「将来のこと」がそれぞれ35.8％と31.5％と高い割合を示しています。ここからも，退所前後で金銭的不安等が継続していることが伺えます[20]。

２）この調査から考えられること

　この報告書から見えてきた課題は，大きく分けて経済的な困窮，就労の困難・孤立と社会的排除の３つにまとめられると思います。これらの課題をどのように解決していくのか，継続した調査と調査結果から得られた情報からの改善計画の立案・実施が望まれるところです。

　2021年に成立した「改正児童福祉法」では，施設等での支援を22歳までとしていた「児童自立生活援助事業」の年齢要件の緩和が2024年４月以降に行われます。また，同時期から「生活・就労・自立に関する相談等の機会や措置解除者等の間の相互相談等の場所を提供する事業」が制度化されます。このことにより，ケアリーバーにとっての拠り所が多く設置され，「いつでも頼れる居場所」となることが必要となってきます。

事後学習

① 里親の認知度を上げるための具体的な方法を一つ以上考えましょう。
② あなたが里親の登録研修を行うとしたら，どのような内容を行いますか？

注

(1) 三菱 UFJ リサーチ＆コンサルティング「子どもとその保護者，家庭をとりまく環境に対する支援の実態等に関する調査研究報告書」2022年，60-63頁。

(2) 里親委託率は，乳児院入所児＋児童養護施設入所児＋里親・ファミリーホーム委託児を分母，里親・ファミリーホーム委託児童数を分子として計算する。

(3) 日本財団の「里親」に関する意識・実態調査報告書によると，約６割の人が里親制度を「全く知らない」または「名前を知っている程度」である。

(4) 総務省の資料（「行政運営改善調査の実施　社会的養護に関する調査——里親委託を中心として」〔令和５年３月27日公表〕）によれば，里親登録したものの，児童を委託されていない里親（未委託里親）が約７割である。

(5) 2018年に NHK が全国里親会の協力を得て行った「全国里親アンケート」。調査結果は以下で閲覧可能（https://www.nhk.or.jp/d-navi/link/kodomo/qa.html，2023年８月26日アクセス）。

(6) 政策基礎研究所「フォスタリング業務（里親養育包括的支援）の現状と包括的な支援体制の強化に関する調査研究報告書」2022年，10-13頁。

(7) 社会保障審議会「『新しい社会的養育ビジョン』の概要」2017年，２頁（資料３-

2）。

(8)　厚生労働省「令和4年6月に成立した改正児童福祉法について」「改正児童福祉法の概要」（https://www.mhlw.go.jp/stf/seisakunitsuite/bunya/kodomo/kodomo_kosodate/jidouhukushihou_kaisei.html，2023年8月8日アクセス）。

(9)　こども家庭庁「社会的養育の推進に向けて」2023年，5頁。

(10)　同前書，15頁。

(11)　みずほ情報総研「社会的養護関係施設における親子関係再構築支援の取組に関する調査報告書」2016年，201頁。

(12)　みずほ情報総研『親子関係再構築支援実践ガイドブック』2017年，ii頁。

(13)　こども家庭庁，前掲(9)，203頁。

(14)　厚生労働省「新しい社会的養育ビジョン」2017年，3頁。

(15)　同前書，3頁。

(16)　こども家庭庁，前掲(9)，208頁。

(17)　同前書，4頁。

(18)　2021年度福祉行政報告例より，筆者が集計した。

(19)　厚生労働省，前掲(14)，5頁。

(20)　松本伊智朗ほか『児童養護施設等への入所措置や里親委託等が解除された者の実態把握に関する全国調査【報告書】』三菱UFJリサーチ＆コンサルティング，2021年，191頁。

参考文献

・第1節

新たな社会的養育の在り方に関する検討会「新しい社会的養育ビジョン」2017年。

NHK全国里親アンケート（https://www.nhk.or.jp/d-navi/link/kodomo/qa.html，2023年8月26日アクセス）。

小野澤昇・大塚良一・田中利則編著『子どもの未来を支える社会的養護』ミネルヴァ書房，2020年。

こども家庭庁「社会的養育の推進に向けて」2023年。

政策基礎研究所「フォスタリング業務（里親養育包括的支援）の現状と包括的な支援体制の強化に関する調査研究報告書」2022年。

本多洋実「家庭養護を担う機能・制度」小川恭子・坂本健編著『実践に活かす社会的養護Ⅰ』ミネルヴァ書房，2020年，163-177頁。

三菱UFJリサーチ＆コンサルティング「子どもとその保護者，家庭をとりまく環境に対する支援の実態等に関する調査研究報告書」2022年。

・第2節

厚生労働省「新しい社会的養育ビジョン」2017年。

こども家庭庁「社会的養育の推進に向けて」2023年。

鈴木秀洋「令和4年児童福祉法改正等で自治体現場の何が変わるのか」『自治体法務
　　研究』70，2022年，16-20頁。

新島一彦「児童福祉法改正，児童虐待防止法改正，民法改正および関連法令の改正か
　　ら見る子どもの権利条約」『平成国際大学教職支援センター紀要』6・7号，2022
　　年，124-133頁。

松本伊智朗ほか「児童養護施設等への入所措置や里親委託等が解除された者の実態把
　　握に関する調査研究報告書」三菱UFJリサーチ＆コンサルティング，2020年。

📖 さらに学びたい人のために

竹村優作（原作）／ヨンチャン（原作・漫画）『リエゾン──こどものこころ診
　　療所』講談社，2020年。

　　──発達障害のある小児科研修医と同じ障害を持った児童精神科医が，悩める
　　　　親子に向き合う医療漫画です。最近子どもの中にも増えつつある発達障害
　　　　等の「対応の難しい子」などに向き合う時に，参考になると思います。

奥田健次『拝啓，アスペルガー先生　私の支援記録より』飛鳥新社，2014年。

　　──臨床心理士の奥田先生の体験談が描かれています。自閉症児に対応する方
　　　　法論が数多く出てきますので，ぜひ読んでみて下さい。また，奥田健次／
　　　　竹嶌波（漫画）『マンガ　奥田健次の出張カウンセリング──自閉症の家
　　　　族支援物語』（スペクトラム出版社，2016年）なども読みやすいと思いま
　　　　す。

おわりに

　社会的養護の支援について，本書を通して多くのことを学んでいただいたと思います。社会的養護とは「保護者のない児童，被虐待児など家庭環境上養護を必要とする児童などに対し，公的な責任として，社会的に養護を行う」もので，対象児童は約4万2,000人です。

　日本の社会福祉の父と呼ばれた，糸賀一雄（1914-1968年）は，知的障害児の教育や人権が確立されていなかった時代に，「この子らを世の光に」という言葉を残しています。これは，この子たちに世の光を当てることを目的とするのではなく，この子たちが世の光になるような社会をつくることを目的とすることが大切である，ということを意味します。

　社会的養護の子どもたちにも同じことがいえるのではないかと思います。社会的養護の対象になる子どもの人数が多い，少ないという問題ではなく，何らかの理由で，家庭を失った，また，家庭に帰ることが出来ない子どもたちの，生命が輝くことができる生活や教育を保障し，支援することが社会の役割であると考えます。

　社会的養護に対する支援の方法については，国際的な流れの中で大きく変化しています。その変化には，「子どもの最善の利益」「権利の主体としての子ども」「永続的解決（パーマネンシー保障）」など，私たち自身の考え方を変化させなければ対応できないものもあります。

　また，第7章の平安徳義会へのインタビューの中で，「手を開いて寝ている赤ちゃん」のことを取り上げました。「寝ている間に，ビクンビクンと動きます。それに反応し泣いてしまいます」は現場からの問題提起だと思います。保育士を目指すみなさんはこれらのことを踏まえ，基本的な子どもの発達を理解し，子どもたちの育成にとって何が大切であり，どう支援していくかを考えていただきたいと思います。そのことが，みなさんの未来を創るとともに，保育の発展にもつながることと確信しています。

最後になりますが，本書発刊にあたって，関係者の皆様のご尽力をいただいたこと，さらに，ミネルヴァ書房編集部音田潔氏のご助言，ご協力に心から感謝申し上げます。

　本書が引き続き，より多くの保育士養成校等の社会的養護のテキストとし使用され，たくさんの学生や関係者の皆様の手に触れて，ご活用いただけることを願っています。

2024年2月

編著者

索　引

著者紹介 (所属，執筆分担，執筆順，＊は編者)

飯塚　美穂子 (鶴見大学短期大学部保育科准教授：第1章)

野島　正剛 (武蔵野大学教育学部教授：第2章)

＊大塚　良一 (編著者紹介参照：第3章，第7章1 (3)・2 (3)・3，第8章)

畠中　耕 (福井県立大学看護福祉学部准教授：第4章)

泉水　祐太 (武蔵野短期大学幼児教育学科非常勤講師：第5章)

浅川　茂実 (群馬医療福祉大学社会福祉学部教授：第6章)

谷村　太 (児童養護施設守山学園園長：第7章1 (1) (2))

石飛　伸子 (児童発達支援センターひなどり学園副園長：第7章2 (1) (2))

竹田　里佳 (平安徳義会乳児院統括主任：第7章3)

橋本　理子 (城西国際大学福祉総合学部准教授：第9章)

＊吉田　博行 (編著者紹介参照：第10章)

＊田中　利則 (編著者紹介参照：第11章)

木口　恵美子 (鶴見大学短期大学部保育科准教授：第12章1)

髙橋　努 (埼玉純真短期大学子ども学科准教授：第12章2)

編著者紹介

大塚良一（おおつか・りょういち）

現　在　佛教大学教育学部特任教授。

主　著　『子どもの生活を支える　社会福祉』（共編著）ミネルヴァ書房，2015年。

　　　　『子どもの生活を支える　児童家庭福祉』（共編著）ミネルヴァ書房，2016年。

田中利則（たなか・としのり）

現　在　フジ虎ノ門こどもセンターソーシャルワーカー。

主　著　『保育の基礎を学ぶ　福祉施設実習』（共編著）ミネルヴァ書房，2014年。

　　　　『保育の今を問う　保育相談支援』（共編著）ミネルヴァ書房，2014年。

吉田博行（よしだ・ひろゆき）

現　在　東京成徳短期大学幼児教育科教授。

主　著　『社会福祉援助技術』（共著）ミネルヴァ書房，2008年。

　　　　『保育の基礎を学ぶ　福祉施設実習』（共著）ミネルヴァ書房，2014年。

子どもの未来を育む社会的養護Ⅰ・Ⅱ

2024年2月20日　初版第1刷発行　　　　　　　　　　〈検印省略〉

定価はカバーに
表示しています

編著者　大　塚　良　一
　　　　田　中　利　則
　　　　吉　田　博　行

発行者　杉　田　啓　三

印刷者　江　戸　孝　典

発行所　株式会社　ミネルヴァ書房

607-8494　京都市山科区日ノ岡堤谷町1
電話代表　（075）581-5191
振替口座　01020-0-8076

© 大塚・田中・吉田ほか，2024　　共同印刷工業・新生製本

ISBN978-4-623-09685-5

Printed in Japan

子どもの未来を育む社会福祉

野島正剛・大塚良一・田中利則 編著
Ａ５判／202頁／本体価格2400円

子どもの豊かな育ちを支える保育者論

田中利則 監修／五十嵐裕子・大塚良一・野島正剛 編著
Ａ５判／228頁／本体価格2800円

事例を通して学びを深める施設実習ガイド

田中利則 監修／加藤洋子・一瀬早百合・飯塚美穂子 編著
Ｂ５判／232頁／本体価格2400円

新版 よくわかる子ども家庭福祉 第2版

吉田幸恵・山縣文治 編著
Ｂ５判／216頁／本体価格2400円

福祉専門職のための統合的・多面的アセスメント

渡部律子著
Ａ５判／272頁／本体価格2800円

主体性を引き出すOJTが福祉現場を変える

社会福祉法人京都府社会福祉協議会監修／津田耕一著
Ａ５判／232頁／本体価格2500円

——————ミネルヴァ書房——————

https://www.minervashobo.co.jp/